INVESTIGACIONES E INTERROGATORIOS

EXPERTO EN SEGURIDAD

A. HERTZOG

PRIMERA EDICIÓN 2019

Copyright © 2019 by Luis Palma

Ninguna parte de esta publicación puede reproducirse ni transmitirse de ninguna forma ni por ningún medio, sin el permiso por escrito del autor.

Avisos

El conocimiento y las mejores prácticas en este campo están cambiando constantemente. Los profesionales e investigadores siempre deben confiar en su propia experiencia y conocimiento para evaluar y utilizar cualquier información, método, compuestos o experimentos descritos en este documento. Al utilizar dicha información o métodos, deben tener en cuenta su propia seguridad y la seguridad de los demás, incluidas las partes por las que tienen una responsabilidad profesional.

En la máxima medida de la ley, ni el editor ni los autores o colaboradores asumen ninguna responsabilidad por enfermedad y/o daños a personas o propiedades como una cuestión de responsabilidad, negligencia, cualquier método, producto, instrucción o idea contenida en el material aquí incluido.

NOTA: Si desea gráficas de mayor resolución o mas información, con todo gusto le ayudaremos. Por favor envíenos su requerimiento a: info@librosahertzog.com

Library of Congress Numero de Control: 2019911900

ISBN e-Book: 978-1-7337731-4-0

ISBN Libro: 978-1-7337731-5-7

Dedicado a la persona mas fuerte que conozco

INTRODUCCIÓN

La naturaleza de la investigación radica en la curiosidad, ya sea innata o adquirida, por conocer los hechos tal y como son, o al menos, aproximarse lo más fiel posible a estos. Esta curiosidad debe estar acompañada de, entre otras cosas, trabajo disciplinado, metodologías y técnicas, criterios apropiados y mucho tiempo de dedicación. La investigación es un proceso de arduo trabajo que requiere de unas características específicas para que sea efectivo y eficiente, no solo de el proceso en sí, si no también del profesional de la investigación.

Además, no solo es suficiente con saber investigar o recabar información. Todas estas informaciones arrojadas por las evidencias, confesiones, técnicas, herramientas y tecnologías, resultan estériles si no intervienen la interpretación y el juicio crítico del investigador. Es decir, corresponde al investigador ensamblar el rompecabezas con todas estas informaciones, ensamblar el rompecabezas significa llegar a la verdad de los hechos, qué ocurrió, quién lo hizo, dónde lo hizo, cómo lo hizo, y por qué lo hizo. Así, el investigador no solo es un recolector, sí no que también descubre cosas que al simple ojo visor son invisibles. El investigador es el encargado de deslumbrar la verdad, revelada frente a los casos.

Con este libro, el lector se encontrará con una montaña rusa de informaciones vitales: en ocasiones habrán categorías y temas que serán tratados con bastante simpleza. A veces, esta simpleza se debe a que son partes operativas, manuales, o incluso técnicas en el quehacer de todo investigador, pudiéramos llamarle las partes bajas y tranquilas de la montaña rusa.

En otros casos, el lector se topará con subidas y bajadas largas, en relación a consideraciones mentales que quienes hacen oficio en esta profesión, y en todas las áreas de la investigación, tienen en cuenta al momento de efectuar su trabajo. Estas consideraciones son de tal vital importancia que resulta estéril tratar de evitarlas: son la piedra fundamental de todo profesional serio de la investigación criminal. Estas consideraciones no son sólo de índole técnico, en tanto amplía las posibilidades de acción del sujeto investigador. También corresponden a componentes filosóficos e intelectuales, en tanto se pretende ampliar nuestras capacidades intelectuales relacionadas con el pensamiento, la reflexión, y la capacidad de procesar información, entender la investigación, dominarla desde nuestro conocimiento.

Las dimensiones tecnológicas, operativas, y técnicas, pueden ser adquiridas con relativa facilidad en el ejercicio práctico de un proceso de investigación. Además, estas siempre están en permanente cambio debido a los avances vertiginosos de las tecnologías de hoy en día.

Por otro lado, estas tecnologías son pensadas por alguien de acuerdo a ciertas necesidades. Debido a esto, podemos encontrar sofisticaciones en relación a simplificar la realización de ciertas tareas que en un principio eran manuales. Pero, realizar estas tareas bajo un criterio apropiado requiere que el investigador se encuentre en sintonía con los instrumentos, inicialmente desarrollados por el intelecto, involucrados en todo procesamiento de información.

Permanentemente, de manera sutil, explícita, y no tan evidente, invitaremos al lector a que construya, junto con este libro, sus propias creencias respecto a la investigación criminal. De esta forma, procuraremos ejercitar sus propias capacidades cognitivas para aprender y aprehender la investigación; sentir, vivir y pensar la investigación desde los huesos, desde el aprendizaje permanente.

Así, notará que cuando nos dirigimos al investigador nos referimos propiamente a quienes estamos involucrados en el área. De manera implícita, entendemos que el investigador no es sólo un individuo que descubre, conoce y revela cosas por sí solo, sino que también está inserto en equipos de investigación multidisciplinarios cuando los esfuerzos de un solo individuo no resultan suficientes para afrontar los problemas. Bajo estos contextos de trabajo en equipo, es el equipo el que brilla por su competencia al momento de abordar los casos.

Como todo equipo, no es diferente que un equipo de investigadores está conformado por individualidades. Por esta razón, invitamos al lector a desarrollar competencias no solo en el ámbito profesional y técnico, sino también en el área personal relativas a la inteligencia emocional, las relaciones sociales y el desempeño en el equipo.

Al mismo tiempo, instamos a que no quedarse solo con las letras de este texto, como de muchos otros que se pueden conseguir hoy en día; nuestra insistencia en que acompañe las letras con la acción nunca será suficiente, pues es en la práctica donde verdaderamente se desempeñará como un investigador criminal y demostrará su calidad profesional

Estamos hablando de un texto que bien no pretende ser el abecedario de lo que es la investigación. Pero sí una robusta aproximación a la mayoría de los elementos y componentes que conforman esta gran profesión y a sus grandes profesionales. Recordemos que es un trabajo arduo, y por lo tanto, este libro servirá tanto a novatos como a avanzados, a tener en sus consideraciones y sus criterios, más insumos para poder ejecutar sus acciones de investigación de manera acertada.

1

TRABAJO DEL INVESTIGADOR, CARACTERÍSTICAS

El investigador debe poseer cualidades innatas o adquiridas relacionadas con el trabajo constante, riguroso, disciplinado, arduo. Además, es necesario que el investigador sea un buen observador para que pueda detectar todas aquellas pistas o informaciones latentes en los distintos casos que se le presente, lo que le permite tener un espectro o fuentes de información y/o evidencias más amplios.

Por esta razón, la naturaleza del trabajo de investigación es de una tarea compleja y complicada, según el caso, exhaustiva e incluso, tediosas, largas y frustrantes por diversas razones. Entre estas razones, puede deberse a que es muy difícil concluir con la investigación, o que el caso en el que se trabaja es de tales magnitudes complejas que los niveles de incertidumbre con respecto a los sucesos son altos.

Es aquí cuando es necesario que el investigador nuevo/novato entienda en los problemas en los que se está metiendo al ejercer este tipo de profesión. No en un sentido legal o criminal (tema que se tratará mas adelante), sino en las dimensiones reales y diversas que representan los distintos casos y sus procesos de investigación. Así, los investigadores novatos suelen sorprenderse al ver las diferencias entre las ideas o preconceptos que estos tienen con respecto a la investigación o a los casos que hay que tratar, y lo que en realidad estas cosas son. Es decir, las expectativas son superadas por la realidad del caso y el investigador debe ser capaz de abordar esta realidad para lograr resolver.

Entonces, cuando se inicia una investigación del caso, el investigador parte desde cero, o al menos, desde las evidencias que estos casos dejen detrás. De esta manera, hay un camino que recorrer para descubrir la verdad: se empieza desde la incertidumbre, se camina por el sendero del proceso de investigación, y finalmente se llega a la certidumbre, el fin, la meta. La certidumbre nos permite tener seguridad respecto a la verdad, despejar las dudas o las mentiras de por medio, conocer la realidad. El investigador es el encargado de reducir esta incertidumbre y llegar a una conclusión lo más precisa, acertada y completa posible del caso, o del crimen.

Sin embargo, estas conclusiones responden no solo a lo que se quiere investigar. Estas conclusiones deben tener unos parámetros que las validen, que sean consideradas como conclusiones verdaderas y válidas, un marco de referencia que explique cómo y por qué dichos resultados de la investigación son esos, y solo esos, y no pueden ser otros, cualquier otros. En este caso, estamos hablando de los criterios de la verdad. Pero primero debemos responder una pregunta: ¿qué es la verdad? De acuerdo con J. Hessen, nuestras conclusiones, reflexiones y juicios no bastan con qué sean verdaderos, debemos tener la total seguridad y certeza de que así lo sean. Las evidencias son una forma de respaldar nuestras conclusiones, aunque no son suficientes por sí solas. El investigador debe emplear su intelectualidad para darles sentido a los datos, objetos, evidencia.

A todos estos elementos que hemos mencionados, le son necesarios un atributo o cualidad indispensable para que el investigador sea exitoso en su trabajo: la perseverancia. Si bien hablamos de esta cualidad, sólo se le hizo mención.

La perseverancia en un investigador significa no solo tener paciencia en el proceso de investigación, sino también mantener las energías, las emociones en afinidad con el trabajo de investigación y con la persecución de la verdad. Estamos hablando de que el investigador debe tener aguante y resistencia frente a una ardua, compleja y complicada tarea como lo es la investigación. El investigador debe mantener la acción, ser proactivo en la proposición de soluciones, ideas y/o estrategias para resolver el caso, siempre con determinación y atento siempre con sus habilidades de observación.

Cualidades de un investigador

Todo investigador debe de servirse de ciertas características y cualidades, sean innatas o adquiridas, para ser un profesional eficaz y, por lo tanto, exitoso en su trabajo. Estamos hablando fundamentalmente de tres cualidades que son el carácter, el juicio y la habilidad, las cuales por sí solas no son suficientes debido a que comprenden muchas características y elementos que las definen, los cuales se definirá a continuación para tener una visión totalitaria a lo que nos referimos:

1. Virtud de observar

Como toda virtud, estas se deben de desarrollar en cualquier investigador tenga o no el talento, ya que al hablar de desarrollar alguna habilidad se refiere precisamente a la capacidad y los esfuerzos para adquirir, crecer, fortalecer y pulir cualquier aprendizaje. Una vez se llega a esta última etapa o momento, es cuando la habilidad de observar se convierte en una virtud, en una habilidad que se emplea con experticia para la investigación.

Por lo tanto, la habilidad para observar debe ser aprendida y masterizada a su punto más maduro. Observar no es sólo mirar, cómo lo hacemos la mayoría del tiempo. Observar implica detallar, analizar, buscar, indagar. En fin, observar implica la investigación en sí misma, aunque no es sólo eso. La observación del investigador debe ser meticulosa, especialmente cuando la curiosidad es lo que la motiva, ya que este componente emocional facilita llegar a conclusiones inteligentes que pueden revelar grandes cosas en el proceso de investigación.

Cuando hablamos de personas y crímenes, la observación toma un matiz particular ya que las emociones, las conductas, las expresiones y gestualidades faciales y corporales, así como su vestimenta, pudieran dar pistas fundamentales que se convierten en información para resolver los casos. Entonces es necesario que el investigador sea capaz de observar, con buen juicio adquirido por su correcto desarrollo de su habilidad de observación, a las personas, especialmente aquellos elementos de ellas que den información importante en relación a las evidencias que se tienen a la mano. Por ejemplo:

- **Vestimenta:** cómo viste, qué tipo de zapatos usa y a

qué tendencia o normativa corresponde (formal, informal, de cuál tipo de trabajo, como carpintero o electricista, etc). además de cualquier otro detalle que puedan aparecer, desde alguna mancha de polvo, pintura, grasa, hasta el tipo de tela que suele o no usar el individuo.
- **Artículos** personales: de igual manera con la vestimenta, los artículos personales suelen ser más una especie de sello distintivo del individuo que pudiera identificarlo con sospechosos, escenas o coartadas de los casos.
- **Características físicas** generales: podemos hablar desde la higiene personal, hasta la morfología de los cuerpos. Con estas pistas, pudiéramos descubrir que la persona con las manos sucias de un tipo específico de tierra la ubica en la escena del crimen, mientras que las formas o malformaciones de los cuerpos pudieran habilitar o inhabilitar al individuo de realizar ciertas acciones en la escena del crimen, lo que les puede ubicar en la escena del crimen también, o por el contrario, descartarlos.

Como se puede evidenciar, todos estos elementos observables son solo unos pocos de la gran cantidad que existen en una persona, pero nos sirve de ejemplo perfectamente no solo para tener clara la idea de la importancia de la observación, si no que también nos permite enlazar esta idea de la observación, con la recolección de las evidencias, su comparación, análisis, interpretaciones y conclusiones.

2. Proactividad

Aquella habilidad que relacionamos con la toma de iniciativas, continuas propuestas, formas de hacer cosas, etc. En este caso, consideremos la proactividad como aquella virtud en la cual la inteligencia se manifiesta. ¿A qué nos referimos con esto? Si nosotros en este texto, consideramos que la inteligencia es la capacidad y la habilidad para resolver problemas, entonces esta virtud puede emplearse, gracias a la proactividad, para ejecutar dichas acciones.

No debemos confundir la proactividad como aquella en la que siempre somos los primeros en proponer o hacer cosas. Estas cosas deben venir acompañadas de una estrategia, una solución bien pensada para solucionar a fondo un problema o salir realmente de una situación. De lo contrario, si solo saltamos siempre de primeros en hacer o decir cosas que carecen de profundidad e incluso de forma, estamos siendo reactivos mas bien, y eso es exactamente lo contrario a ser proactivo.

Desglosamos estos términos: la reactividad o la persona reactiva, es la persona que reacciona frente a una situación, un estímulo, un problema. Al ser una reacción, pueden ser un acto reflejo, instintivo, reptiliano, el cual no siempre puede favorecer nuestro intereses, ya sea a nivel personal o profesional. Por eso cuando se dice que ser proactivo no se refiere a solo saltar de primero a decir o a hacer cosas, sino que en realidad es reactivo al reaccionar de dicha manera (saltar de primero a decir cualquier cosa) frente a una situación que requiera de proactividad; es decir, al identificar una situación que requiera de proactividad, reaccionamos con un intento de la misma. Por otro lado, la proactividad o la persona proactiva, es aquella en la que "se adelanta" a los hechos. Es decir, es una persona con visión y habilidad de previsión, planificación y ejecución de acciones contingenciales para intentar abordar cualquier tipo de situación que se le presente. Esta habilidad tiene implícita la necesidad de que el investigador sea un gran conocedor, y tenga una buena experiencia. Cuanto más recursos, ya sean intelectuales, técnicos, metodológicos o tecnológicos, el investigador pueda emplear, estará en mayor capacidad para resolver los problemas. Es decir, estará en mayor capacidad de usar su inteligencia para resolver problemas y casi ninguna o pocas situaciones lo sorprenderán desprevenido o no preparado. Hablamos de que el investigador debe poseer alternativas para solucionar.

Para recordarlo con más facilidad, el prefijo "pro" de la palabra proactivo significa tanto "antes de" cómo "aprovechar". También significa "movimiento hacia adelante". Si hacemos una simple síntesis, pudiéramos definir la proactividad como: *aprovechar* las oportunidades y recursos *antes de* que se presenten situaciones desfavorables, así como aprovechar las habilidades propias para *superar* (moverse hacia adelante) las dificultades y problemas.

3. Perseverancia

Una de las cualidades fundamentales de cualquier investigación: si no perduras, pereces. Perecer significa rendirse, dejar de investigar, dejar de conseguir información, dejar de ser curioso. Si se deja de ser curioso, no se puede investigar, se deja de ser un investigador. La perseverancia, por lo tanto, también implica ser paciente. La paciencia resulta fundamental para atravesar los procesos, momentos y etapas del proceso de investigación con un equilibrio mental y emocional apropiado para que el juicio se mantenga intacto al momento de sacar conclusiones inteligentes o de resolver problemas/situaciones. Como ya sabemos, el proceso de investigación es una tarea ardua y en general, bastante larga. Resulta evidente el por qué la perseverancia y la paciencia son los pilare de cualquier investigador, especialmente cuando hablamos de actividades de vigilancia.

4. Interacción interpersonal

Hemos tenido pequeñas muestras de esto, y lo profundizaremos más adelante. Las interacciones interpersonales son fundamentales porque representan una de las fuentes de información que el investigador usará para resolver los casos, o alcanzar la verdad. De manera similar a las evidencias, que son fuentes de información de otro tipo, las interacciones personales resultan importantes porque permiten tener acceso a informaciones que por limitaciones físicas, no podrías. Por ejemplo: si conocemos muchos informantes en toda la ciudad, hay cosas al norte de la ciudad que esas personas, propias de ahí, sabrán mejor que nosotros, que somos del oeste. De igual manera, el informante que se encuentre en el sur, en el este. Las interacciones interpersonales implican inteligencia emocional, aprender a gestionar nuestras emociones, conductas, aprender a autorregularse para poder entablar relaciones humanas mucho más fructíferas.

Las interacciones interpersonales no solo implican relaciones con informantes, si no que incluso, en entrevistas o interrogatorios, puede ser de utilidad para que las personas suelten la información que nos interesa.

5. Entender la conducta humana

Muy relacionado con el punto anterior. Tener un buen manejo de nuestras relaciones e interacciones interpersonales, es decir, inteligencia emocional, implica entender el comportamiento humano. No pudiéramos entender el comportamiento de los demás, si primero no entendemos los propios. Así, si queremos comunicarnos con los demás, sean estos informantes, sospechosos, testigos, entrevistados, etc, tenemos que entender cuales son los mecanismos comunicacionales apropiados para hacer fluir la comunicación. De lo contrario, debido a una mala gestión producto de una inapropiada comprensión de la conducta humana y una inadecuada ejecución de las acciones pertinentes, pueden derivar en el cierre de la comunicación, y por lo tanto, el cierre de la transmisión de testimonios de valor.

6. Implicaciones legales

Ser investigador implica adentrarse en cosas que no siempre son apropiadas saber, o conocer. Incluso, se pudiera hablar de acoso, violación a la privacidad, robo de información, y demás. Existen investigadores públicos y privados: los primeros son más sensibles a las implicaciones legales debido a que pertenece a la institucionalidad, el poder del orden. Si este poder ver sus normas transgredidas, debe tomar las acciones pertinentes. En el caso del investigador privado, este puede o no puede verse involucrado bajo estas situaciones. Todo siempre dependerá de los parámetros legales de cada lugar.

7. Comunicación Eficaz

Hablamos de esto hace un momento. En este caso, no solo hablamos en cuestiones interpersonales que la comunicación debe ser eficaz. Toda comunicación, sino es eficaz, deja de ser comunicación porque pierde su propósito, su sentido. Cuando hablamos de la realización de reportes, informes, articular casos o redactarlos, también hablamos de comunicación eficaz. Así, pudiéramos categorizar la comunicación eficaz no interpersonal de la siguiente manera:

- **Comunicación de la presentación verbal:** acá nos referimos a cuándo se deben rendir cuentas de nuestros hallazgos de nuestras investigaciones a un ente judicial, penal o instituciones o personas a fines. Es necesario ser claros, concisos y precisos en la información que queremos comunicar y en la comunicación en sí, ya que parte del deber del investigador es llegar a la verdad,

y una información mal redactada y mal comunicada, entorpece este propósito.
- **Comunicación escrita:** redactar reportes, informes, entrevistas, interrogatorios. Tomar notas, hacer solicitudes formales, etc, todos estos mecanismos deben ser eficaces y dependen de las habilidades comunicacionales del investigador para que sean así. No solo para que llegue claro la información, si no para que se pueda convencer a quien se le dirija el escrito de que lo escrito, es verdadero, cierto, necesario, etc. Esto no significa que se pueda tergiversar la información, manipulándola a nuestro antojo. En realidad, esto significa que si nuestro objetivo es redactar un documento para obtener ayuda de alguna institución o persona que nos pueda ayudar con nuestro proceso de investigación, es necesario que seamos claros y precisos con la información que queramos darle, especialmente si es referente al caso que deben ser todavía más claras y precisas, sino que además debemos sonar y leernos convincentes para que nuestro objetivo comunicacional pueda ser cumplido.

Como podemos ver, la comunicación forma parte del Componente Humano que todo investigador debe poseer. Es vital para conseguir objetivos, informaciones, más contactos e informantes, influencia incluso.

8. Receptividad

La receptividad es importante porque implica tener coherencia con las anteriores habilidades interpersonales de las que hemos hablado. Ser receptivo implica no solo escuchar a los demás, si no tener la disposición de admitir, aprovechar, solicitar y ser crítico con los demás. Esto es especialmente útil cuando hablamos de equipos de investigadores, la comunión de opiniones y el trabajo en equipo son el resultado, en parte, de una receptividad de todos los investigadores involucrados en el caso. La receptividad permite abrirnos las puertas hacia un camino mucho más nutritivo y constructivo, lo que nos puede permitir crecer profesionalmente como investigadores, y en consecuencia, como personas.

9. Realización y satisfacción

El investigador, y todo profesional, debe poseer unas cualidades psicológicas de confianza y alta autoestima consecuencia de la seguridad que le da saber hacer su trabajo. Esto resulta obvio, pero no lo es tanto en el caso del investigador. Dada la naturaleza de esta profesión, los productos del investigador, esto es: evidencia, información, interpretaciones y conclusiones, siempre estarán sujetas a constante debate, conflicto y búsqueda de verdad. Esto significa que el investigador debe estar seguro y receptivo al mismo tiempo. Es decir, tiene que estar seguro de que lo que dice, lo que investigó y lo que concluyó, es verdad. Especialmente cuando se está declarando frente a un jurado. Pero cuando estamos aún en el proceso de investigación, también debe ser receptivo para que, en caso de que las conclusiones requieran reformulación, el investigador no se cierre neciamente a replantear los fundamentos.

10. Trabajo

Siempre hablamos de la naturaleza del trabajo del investigador, y es que no hay énfasis suficiente para dejar en claro que es un trabajo que requiere un gran esmero, meticulosidad y esfuerzo para llevarlo a cabo. Esto lleva a que el tiempo de dedicación del investigador puedan exceder los horarios estándares de oficina, debido a que el investigador no deja de ser investigador de 7 am hasta las 5 pm, por ejemplo. El título de investigador es una investidura que el individuo debe llevar consigo. Mas aún, forma parte de la esencia del individuo. Recordemos que la curiosidad forma parte fundamental de todo alimento de un proceso de investigación. Si solo sé es curioso durante las horas de trabajo de oficina y fuera de éste, no lo es, tenga por seguridad que las otras cualidades del investigador se verán influenciadas por el tiempo que se dedica a serlo. Pues quien emplea más tiempo en masterizar una habilidad, más fructífero y eficaz se convierte su trabajo al hacer uso de esta.

El trabajo de investigador es, pues, una actividad demandante cuyo éxito realmente dependerá de la vocación investigativa del individuo. Habrá ocasiones en la que se deberá acudir a las fuentes o contactos de información en horarios y momentos poco usuales, así como hacer vigilancia de algún sospechoso o de algún sitio: estas actividades se salen, precisamente, del horario de oficina.

11. Iniciativa

Muy similar a la proactividad que mencionamos anteriormente, la iniciativa como algunas de las cualidades idóneas de todo investigador debe entenderse como aquella en la que el investigador persigue un objetivo. Por lo general, los intereses de que se lleven a cabo las investigaciones suelen ser externas al investigador. Es decir, otras personas desean investigar algo, y el investigador se encarga de realizar dicha investigación.

En estas situaciones, es común que existen unas políticas y direccionalidad por las cuales el investigador se guiará para dar respuestas a las interrogantes que requieren ser respondidas. Estos lineamientos son únicamente *orientativos*. Con esto se refiere a que toda acción que ejerce el investigador debe encaminarse hacia un objetivo, una única dirección. Sin embargo, eso no significa que se le imponga una única manera de llegar a ese objetivo. Pudieran haber sugerencias respecto al camino a tomar, pero solo el buen criterio y el buen juicio del investigador determinará si aquellos caminos son los más apropiados para la investigación que se llevará a cabo. Además, el investigador puede y *debe* formular las maneras de hacer las cosas, identificar el camino, como todo profesional eficaz de la investigación.

Es aquí cuando entra en juego la iniciativa. Hablamos de iniciativa cuando el investigador busca las maneras de resolver los casos, sean ortodoxas o no, siempre dentro de unos lineamientos/direccionalidad en específico, que determinan los objetivos, metas y el propósito de dicha investigación.

12. El mal llamado escepticismo

Con escepticismo existe una creencia de que refiere a aquella postura (incluso filosófica) en la cual se tiene que dudar de todo. Esto es parcialmente cierto porque el investigador debe tener en claro que siempre es posible acercarse un poco más a la verdad mientras investigue más y mejor, cuestionando permanente aquellos conceptos o preconceptos concebidos como ciertos, reales o verdaderos, sometiéndose a prueba y observar y verificar hasta qué punto lo que se dice que es real, es la verdad. Sin embargo, el escepticismo como postura filosófica, no puede cuestionar, cosa que sí hace un filosófico. La esencia del escepticismo radica en que es imposible alcanzar la *verdadera* verdad y, por lo tanto, suspende el juicio, el cuestionamiento del objeto que está siendo investigado, debido a la propia imposibilidad que tiene el ser humano de conocer realmente la realidad. Esta concepción de "ser escéptico" corresponde a un escepticismo general, básico, inicial. J. Hessen nos dice: "Según el escepticismo, el sujeto no puede aprehender el objeto. El conocimiento, en el sentido de una aprehensión real del objeto, es imposible según él. Por eso no debemos pronunciar ningún juicio, sino abstenernos totalmente de juzgar."

La verdad no es una ni otra cosa, no habría manera de determinar si el sospechoso es o no culpable, bajo esta postura. Así, el escéptico representa una figura totalmente contraria al investigador, quien no cesa hasta conseguir la verdad, o que al menos entiende que, si bien la *verdadera* verdad no puede ser alcanzable, sí que se puede aproximar en la medida de lo posible a ella, buscando explicar fielmente los casos y las situaciones que son investigadas.

Más aún, existe diferentes matices del escepticismo que en nivel general se desconocen, y creen que el escepticismo es solo un único concepto absoluto, cosa que en sí es contradictoria. Por eso, Hessen nos dice:

"...el escepticismo puede referirse tanto a la posibilidad del conocimiento en general como a la de un conocimiento determinado. En el primer caso, estamos ante un escepticismo lógico. Se llama también escepticismo absoluto o radical. Cuando el escepticismo se refiere sólo al conocimiento metafísico, hablamos de un escepticismo metafísico. En el terreno de los valores, distinguimos un escepticismo ético y un escepticismo religioso. Según el primero, es imposible el conocimiento moral: según el último, el religioso. Finalmente, hay que distinguir entre él escepticismo metódico y el escepticismo sistemático. Aquél designa un método; éste, una posición de principio. Las clases de escepticismo que acabamos de enumerar son sólo distintas formas de esta posición. El escepticismo metódico consiste en empezar poniendo en duda todo lo que se presenta a la conciencia natural como verdadero y cierto, para eliminar de este modo todo lo falso y llegará un saber absolutamente seguro."

Sin embargo, hay un tipo de escepticismo que resulta nocivo para el investigador profesional, el que da el nombre a nuestra sección del "mal llamado escepticismo": él escepticismo radical. Este tipo de escepticismo corresponde a una posición que desconoce los otros tipos de escepticismo anteriormente mencionados porque se considera a sí mismo como el núcleo de la filosofía escéptica. Retomando a Hessen, cuando hablamos de escepticismo radical tenemos, a flor de piel, el núcleo de las contradicciones para quien se haga llamar un escéptico en todas sus letras:

"Es palmario que el escepticismo radical o absoluto se anula así mismo. Afirma que el conocimiento es imposible. Pero con esto expresa un conocimiento. En consecuencia, considera el conocimiento como posible de hecho y, sin embargo, afirma simultáneamente que es imposible. El escepticismo incurre, pues, en una contradicción consigo mismo. El escéptico podría, sin duda, recurrir a una escapatoria. Podría formular el juicio: "el conocimiento es imposible" como dudoso, y decir, por ejemplo: "no hay conocimiento y también esto es dudoso". Pero también entonces expresaría un conocimiento. La posibilidad del conocimiento es, por ende, afirmada y puesta en duda a la vez por el escéptico. Nos encontramos, pues, en el fondo, ante la misma contradicción anterior."

El término más apropiado para sustituir ese mal llamado escepticismo que supuestamente debe poseer cualquier investigador, nos permite evitar confusiones conceptuales, y precisar las competencias mentales de un investigador, es el pensamiento crítico. El pensamiento crítico es, precisamente, la capacidad de discernir entre las evidencias, los testimonios, las investigaciones, las verdades y las realidades. El pensamiento crítico es una facultad que nos acerca más a conocer la verdad, o la realidad, de los casos a investigar: es una cualidad que nos conduce y nos permite conocer la verdad. El escepticismo, al contrario, representa un obstáculo para alcanzarla.

13. Intuición

El investigador en ocasiones, y más de unas cuantas, será influenciado por su intuición en la toma de decisiones. Este profesional no solo requiere de metodologías, técnicas y estrategias para poder investigar, sino que también las necesita para validar y darle confiabilidad a las informaciones y conclusiones a las que llegue el investigador. Sin embargo, estas metodologías pueden estar fundamentadas en una intuición inicial con respecto al caso o el tema a investigar, el investigador puede tener aquel presentimiento de que la verdad es ésta o aquella, el punto de inicio, el punto de partida. Sin embargo no puede proceder en base solo a la intuición, tiene que articularla, darle robustez, confiabilidad y verificabilidad. Es aquí donde entran las metodologías, estrategias, etc, que sirven como "certificación" de que la información que se obtuvo de la investigación, es la verdad.

14. Energía

Recordemos la naturaleza de la investigación. Sí, estamos hablando de algo muy exigente, muy demandante si se quiere ser bueno. Sin duda, el investigador debe poseer tanto las energías físicas, como las mentales y emocionales para ejecutar su trabajo con un alto nivel de desempeño. Recordemos, una vez más, siempre se es investigador, siempre se es curioso, siempre se está observando.

15. Versatilidad

Este concepto se le puede entender de dos maneras para las cualidades de un investigador. La primera de ellas refiere a la versatilidad que tiene el investigador para usar herramientas, recursos y tecnologías diferentes y variadas para llevar a cabo el proceso de investigación. Así como la capacidad de ajustarse a distintos tipos de investigación y diferentes metodologías de investigación.

La segunda interpretación, en nuestro caso, refiere también a la capacidad de adaptar nuestras actuaciones dependiendo de las exigencias. Con esto nos referimos a que debemos ser capaces aparentar cosas o personas que no somos, de manera eficaz, para poder conseguir la información, confesiones y testimonios que deseemos. A veces, incluso, se le pudiera llamar una "investigación encubierta".

16. Decisiones acertadas

Íntimamente relacionada con el buen juicio. Las decisiones acertadas son todas aquellas que el investigador debe tomar, fundamentadas en buenas experiencias, criterios apropiados, conocimientos y sabidurías acumulados. Las decisiones acertadas pueden ir desde el tipo de técnicas e insumos necesarios para realizar la investigación, hasta dónde y qué investigar. Tomar la decisión de investigar algo en un lugar que aparenta tener relación con nuestro caso, pero que en realidad no lo es, solo es la manifestación de una decisión inapropiada, incorrecta, producida tanto por malos criterios, malos juicios y falta de competencia por parte del investigador profesional, como por su incompetencia al momento de llevar a cabo un proceso básico de investigación.

17. Lógica

Todo investigador debe tener la facultad plena de poder visualizar patrones de la realidad. Esto es, entender las secuencias abstractas de una situación para poder armar el rompecabezas. En un lenguaje más sencillo, refiere a la habilidad de razonar constante y permanentemente para poder generar conclusiones lógicas a partir de las relaciones que existen entre eventos, acciones, evidencias e informaciones de los casos. Así, el ejercicio lógico es una acción mental, de razonamiento. Esto solo puede adquirirse mediante la preparación intelectual y profesional de estas facultades mediante ejercicios y estudios de casos que necesiten de la lógica para poder resolverse.

18. Inteligencia

Al igual que la lógica, esta se sirve de la inteligencia para poder resolver los problemas y los callejones sin salida que se presenten en cualquier caso de investigación. La investigación requiere de agilidad mental que le sirve a todas las cualidades que están acá descritas. El investigador, sin duda, debe ser alguien inteligente. La inteligencia, afortunadamente, se puede desarrollar en cualquier individuo. Cómo mencionamos anteriormente, es necesario entrenar las facultades mentales para poder hacer uso de todas nuestras cualidades para resolver los casos. Especialmente en lo referente a la memoria, aunque esta capacidad no está relacionada precisamente con la inteligencia, pero es una herramienta extremadamente útil como una fuente de información para que la inteligencia y la lógica se encarguen del resto.

19. Creatividad

Otra facultad mental, que puede ser desarrollada y adquirida. La creatividad permite ver las situaciones de otro modo, la creatividad es el alimento de la proactividad y la iniciativa, nos permite pensar fuera de la caja para salir de situaciones apretadas, resolver problemas, incluso pensar de una manera distinta, pero siempre razonable, al momento de interconectar las pistas y elaborar conclusiones.

2

INVESTIGADOR Y SU ORGANIZACIÓN

Es común encontrar organizaciones orientadas a la investigación y a la seguridad, las cuales, evidentemente, buscarán encontrar profesionales cualificados para el desempeño apropiado de las actividades pertinentes y tratar de perseguir los objetivos organizacionales. El esfuerzo por organizar a un conjunto de profesionales debe ser realizado de manera eficaz para comenzar a construir a una organización exitosa en su labor. Para esto, es necesario que los individuos, ya sean gerentes, dueños, grupos y los investigadores propiamente, sigan ciertos estándares, principios o reglas que todo profesional de la investigación, y profesionales en general, deberían seguir. Estos principios pudieran resumirse en:

- Compromiso y responsabilidad con el deber.
- Formación y desarrollo profesional constante.
- Perseverancia, disciplina y disposición de aprendizaje.
- Alto desempeño en trabajo en equipo.
- Eficiencia y eficacia.

Cuando hablamos de organizaciones, es común pensar en una jerarquía en la cual el poder de mando, el jefe de un departamento, determina y controla con amplitud las acciones de todo aquél que esté debajo de la jerarquía de la cual dicho jefe ejerce el control. Esta visión hoy en día resulta cuestionable, pero lo que no es cuestionable, es que quien esté a cargo o tenga la responsabilidad de gestionar, gerencia y dirigir personas, en este caso, a investigadores, debe ser un gran conocedor de la materia, un experto, un profesional de muy alto nivel. Todo esto se consigue pues, apoyados en los principios anteriormente mencionados, a través de años de una buena experiencia.

Ya llevamos unas cuantas páginas hablando de la "buena experiencia", pero ¿esto qué significa? El concepto de experiencia es un concepto neutro, en el cual no se refiere a si una experiencia fue mala o fue buena, fue caótica o sublime. Es simplemente, una experiencia. Si hablamos de que un profesional debe tener una amplia experiencia, ¿con esto nos referimos a que tenga malas experiencias o buenas experiencias? Para los intereses de una organización, es evidente que no se quiere a un profesional cuyas experiencias han sido "fallidas". Sin embargo, pudiésemos hablar que de estas experiencias "fallidas" aún existe un componente de aprendizaje del cual el investigador puede aprender constantemente y continuar con su formación y desarrollo profesional, y esto es algo que debe aprovechar de acuerdo a sus necesidades toda organización.

Por otro lado, cuando hablamos de buenas experiencias, ¿a qué nos referimos? Experiencias exitosas respecto a la solvencia de casos, investigaciones eficaces y casos resueltos con eficiencia, son unos de los tantos conceptos que se nos viene a la mente. No es esto a lo que nos referimos con buena experiencia en este texto, sin embargo.

Cuando hablamos de que un profesional tenga "buena experiencia" se refiere a qué éste debe tener una amplia experticia en ejecutar *apropiada y acertadamente* las acciones pertinentes en el ámbito de la investigación. Es decir, es más conveniente que un profesional lleve ejecutando un proceso de manera eficaz por 2 años, a uno que lleva haciéndolo de manera inapropiada por diez años.

Esto tiene un matiz adicional, incluso. Con el avance vertiginoso de la tecnología, es conveniente que el profesional tenga una buena experiencia en emigrar estas nuevas tecnologías que hacen un trabajo mejor y más rápido, que un profesional que lleve haciendo algo de la misma manera por veinte años. Con respecto al último, podemos inferir que en su quehacer profesional entra en una obsolescencia continua y permanente, siempre y cuando éste no decida actualizarse respecto a las nuevas tecnologías, técnicas, métodos, estrategias, etc.

De la misma manera se puede hablar de aquellos encargados de gestionar a los investigadores que pertenezcan a una organización. Un gerente de alguna unidad de investigación debe estar al tanto de todos los conocimientos que se producen actualmente para saber conducir y gestionar apropiadamente dicha unidad, no solo para generar el trabajo deseado, si no para generar también un ambiente laboral apropiado, cosa contraria que suelen padecer muchas organizaciones al no contemplar estas relativas nuevas tendencias en el gestión del talento humano.

Al ya haber mencionado las cualidades que un profesional de la investigación debe poseer, nombraremos algunas de las habilidades gerencial que un director de una unidad de investigación debe adquirir:

1. Líder y/o consejero de la investigación

Por regla general, existen creencias de una semejanza entre el líder y el jefe dentro de una organización. Cuando profundizamos en estos conceptos, entendemos que el jefe es una posición de poder oficial, formalizada, dentro de una organización. Es este el que generalmente "dicta las órdenes" y todos quienes están bajo su mando deben seguirlas. Este seguimiento de las personas hacia el jefe es producto no necesariamente de la voluntad. Es decir, lo siguen "voluntariamente". Si no que es producto de un poder que ejerce dicho jefe.

Por otro lado, el líder es más una cualidad que un puesto o un título otorgado por la organización. Cualquiera puede ser jefe, pero no cualquier jefe puede ser líder. El liderazgo se caracteriza por aquella cualidad que ejerce una influencia positiva y provechosa en los demás para que estos no solo ejecuten con mayor vigor y ánimos el trabajo, sino para crear un ambiente laboral adecuado y agradable para ahí habitan. Esto tiene influencias positivas en el desempeño de los investigadores/trabajadores y les permite desarrollar ciertas afecciones con el líder, fortaleciendo los lazos de compromiso, del cumplimiento del deber, de la responsabilidad y el alto desempeño. De esta manera, el jefe no puede esperar, al menos de manera efectiva, que las personas se motiven. Esto no es algo que pueda encargar alguien "externo" a las personas. Es algo que nace desde el interior de ellas y solo puede ser estimulado por alguien que sabe comunicarse con ellos, los inspira, los ayuda a aprender, les agrade trabajar con esa persona, etc. Es por eso que la figura del líder a veces no aparece en la figura del jefe, si no que aparece dentro de los mismos empleados, y eso también está bien, por que significa que las personas tendrán una mayor vinculación emotiva con su propio trabajo.

. . .

A pesar de ello, la aparición de un líder dentro del talento humano de la organización no debería dejarse a cargo de su aparición espontánea, sino que es algo que la organización debe buscar proactivamente como una herramienta indispensable para el alto desempeño. Por esto, los gerentes, directos, o personas a cargo de la unidad de investigación, pueden y deben desarrollar sus habilidades como líderes dentro de la organización. Es necesario tener presente que el hecho de que se pierda la dedicación y el entusiasmo se debe generalmente a estilos o prácticas de gerencia. Si hablamos de una gerencia tradicional, rígida, esta consiste más que todo en un control casi absoluto sobre el trabajo de los investigadores, que se enfoca más en las críticas que en las alabanzas. Este ejercicio de poder y control casi absoluto sobre el profesional solo perjudica su desempeño. Caso contrario al emigrar hacia el liderazgo, tenemos a una persona, a un gerente, capaz de crear un ambiente donde el investigador pueda aprovechar las oportunidades que se le presente y tenga libertad de tomar decisiones dentro del propio proceso de investigación. La supervisión, en algunos casos, resulta ser más nociva que beneficiosa debido a que no deja respiro ni da espacio para la creatividad. Especialmente si consideramos que todos los individuos son diferentes y que este tipo de ejercicio puede afectar de mala a peor manera a los investigadores o personas trabajando en alguna organización de investigación.

Hay que recordar que de igual manera, si se tiene la capacidad de liderazgo o no, el gerente es el encargado de gestionar y direccionar el talento humano de su unidad de investigación. Así, el gerente puede actuar como un consejero de la investigación. Esto es, una persona que, sin imponer su posición de poder dentro de la jerarquía organizacional, busca activamente recibir y dar consultas activas a los investigadores. En estos casos, el investigador puede necesitar o solicitar consultas que le permitan reacomodar el camino que se está transitando. El consejero, en parte, ayuda a visualizar el estado anterior del caso, cuál es el estado actual y hacia dónde debería dirigirse.

Esta actividad de consejería es una actividad abierta e informal, democrática y exploratoria, proactiva. Por eso que el gerente como consejero de la investigación está dentro del líder de la investigación: no es una facultad que ejerce el poder jerárquico. Más bien, es una facultad que busca prescindir de las connotaciones que la autoridad y el jefe pueda generar en los empleados para que estos dejen estar cohibidos y piensa intercambiar ideas libremente con el formalmente jefe, para provocar pensamientos, ideas creativas, para de igual manera, determinar la dirección de la investigación.

Este asesoramiento busca producir y generar ideas de todos los involucrados en la unidad de investigación. Pudiera decirse que es un proceso productivo que busca concluir de manera eficaz con los casos que se discuten.

A pesar de ello, no hay que olvidar que ya sea como consejero/asesor o el jefe como líder, el gerente de la unidad da las pautas para continuar con la investigación. El investigador solo ejecuta el proceso investigativo, es el que propiamente lleva a cabo y a conclusión todo proceso de investigación.

2. Desarrollador/formador de la investigación

Este rol que asume el gerente de la unidad de investigación busca formar, pulir y determinar nuevas habilidades que los investigadores deben adquirir. Ya sea que se trate de investigadores principiantes, o expertos, el director debe de contar con una buena experiencia previa, preferiblemente similares o parecidas a la que enfrentan los investigadores, de manera que sirva como guía para resolver los casos. Sin embargo, hay que recordar que no siempre todos los casos son iguales, y aunque existan patrones en común, siempre hay que abordarlos cómo casos que siempre serán sujetos de diferencias importantes.

Regresando al tema del rol del formador de la investigador, dependiendo de la perspectiva que se le dé a dicho formador, ya sea como el que enseña el que facilita el aprendizaje, estos pueden emplear unos u otros tipos de entrenamientos, dependiendo de las características de los investigadores que trabajan en la unidad:

Tipos de entrenamiento:

1. Participación Directa: En este caso, el gerente participa activa y directamente en los procesos de enseñanza y entrenamiento de los investigadores haciendo uso, preferiblemente, de los estudios de caso. En esta especie de "formato", el gerente asume el rol principal en el proceso didáctico, aunque existen tendencias que, al contrario, son los aprendices quienes toman el rol protagónico. Independientemente de ello, el gerente de explicar el caso, y responder las preguntas pertinentes respecto a ese estudio. Sin embargo, bajo una perspectiva clásica, el gerente, como experto investigador, ira desarrollando el estudio de este bajo su propia mano mientras que los investigadores, recibiendo la formación, observan y tratan de aprender los razonamientos y los procesos que se involucran para tratar de aprender de su jefe. Esto se debe a que el gerente, al ser un profesional de alto nivel, conoce con amplitud cómo resolver el caso y cuál es la mejor manera de hacerlo. De esta manera el

gerente establece las pautas de cómo se haría un buen trabajo, o al menos, un trabajo idóneo, según el jefe mismo.

2. Entrenamiento de campo: En este, ya no se trata de un estudio de caso, un caso hipotético preconcebido en el cual se enseñan las maneras de hacer las cosas. El entrenamiento de campo consiste en que el investigador novato sea acompañado por un investigador experimentado en la resolución de un caso real. El investigador novato tiene la relativa libertad de proceder con la investigación del caso bajo la constante supervisión del experimentado, ya que una de las desventajas de este método es la adquisición de malos hábitos en la resolución de caso adquiridos por el novato. Por esta razón, el experto lo acompañará para aplicar los correctivos pertinentes y evitar que se aprendan estos hábitos que, después, serán muy difíciles de erradicar.

3. Salón de clases: Con este método, es posible que varias personas, expertas en más de una de la investigación, dicten clases en un salón para los novatos. Esto no solo se limita a clases magistrales, si no también se pueden emplear múltiples técnicas de enseñanza. Entre estas, el estudio de caso, la dramatización, dinámicas grupales. El salón de clases permite que se desarrollen diversas estrategias de enseñanza, aunque "aisladas del campo". En este caso, el investigador novato pudiera tener un papel importante en tanto la iniciativa por aprender solo. Además, se pueden estudiar con tranquilidad casos reales anteriores revisando los archivos, informes, reportes, o incluso videos que hayan servido cómo evidencia para resolver casos.

4. Fuera de clases: Refiere particularmente a charlas y talleres fuera de aulas de entrenamiento. Esto también comprende seminarios y conferencias, aunque estos estén

más orientados hacia investigadores profesionales o avanzados, ya que, entre otras cosas, frecuentemente buscan presentar novedades en las áreas de investigación criminal, o de cualquier otra área del conocimiento del cual estén hablando.

3. Supervisor y evaluación de la investigación

Como hemos mención anterior, la supervisión a veces resulta perjudicial en el sentido de que sólo impone estrés adicional y limita el campo de acción y de toma de decisiones de los investigadores. Si bien podemos entender al supervisor o al gerente de qué tiene que cerciorarse de que el trabajo se haga, lo que a veces se ignora es que, precisamente, para ello es que están las personas en la organización. Esto es especialmente cierto mientras mayor nivel de madurez manejen los integrantes de la organización, y sus gerentes. El nivel de madurez está altamente involucrado con el éxito profesional, y esto reposa pues en los principios fundamentales que todo profesional debe tener. Bajo estos principios, se es garante de que el trabajo se hará de manera eficaz y mucho más: es decir, no solo se cumplirá con la meta, sino que se pueden descubrir nuevas y mejores formas de resolver casos, conseguir información, entablar relaciones con los informantes, entre otros.

Esto no significa que se pueda entrar en una especie de negligencia organizacional y no saber qué ocurre con la organización y sus integrantes. Ninguno de los dos extremos son buenos y es apropiado tener un balance entre las bondades de cada uno de los polos para tener una gestión, una supervisión y una evaluación sana. Una gestión inapropiada puede derivar en un desastre organizacional, una supervisión no apropiada puede conducir a perjudicar el potencial de los investigadores, y una evaluación no apropiada puede llegar a despreciar a la gente que trabaja en la organización.

. . .

Cuando hablamos de un punto de equilibrio, no hablamos de supervisar y evaluar todos los días todo el día, ni de hacerlo una vez al año. No tiene sentido hacer una evaluación anual en el mes de diciembre, cuando la carencia se registró en el mes de febrero. Si queremos no solo conocer el desempeño de los investigadores, si no también cómo podemos mejorarlo, reubicarlos, desarrollar potencialidades y habilidades que arrojan los resultados, es evidente entonces que dicha supervisión y evaluación se haga de manera regular, con base constante, sin ser agobiante. Que represente una oportunidad de desarrollo, de formación y de mejora para la profesión, para los investigadores, y no tenga connotaciones punitivas en tanto la evaluación sólo procura descalificar y criticar peyorativamente el desempeño de cada uno.

Para poder conocer este desempeño, se deben formular indicadores que señalen cuando el investigador está desempeñándose en los niveles deseados. Estos indicadores están fundamentados en un criterio, este criterio es lo que determina qué es un buen desempeño, que es un mal desempeño, y qué es un desempeño destacable. Estos criterios pueden ser generales y estandarizados, pero siempre dependen de los objetivos y la gestión organizacional, y especialmente, de los gerentes encargados de las unidades de investigación.

Hay que entender que no sólo le interesa a la organización y al gerente los niveles de desempeño. A los investigadores les interesa de igual manera, o incluso más, porque tienen que ver con su propio quehacer profesional. Saber que no se desempeña apropiadamente es solo un impulso para saber en lo que se tiene mejorar. Sin tener esta información, la persona seguiría desempeñando su trabajo bajo los mismos niveles considerados indeseables según los criterios de los indicadores de desempeño.

Esta consideración de la importancia emotiva que la evaluación apropiada del desempeño tiene en el investigador resulta imprescindible para estimular el compromiso profesional. Su trabajo no solo es supervisado, si no que también su progreso a lo largo de todo el año, sin que esto signifique que no sea libre de tomar decisiones y de trabajar de la manera que más le parezca, siempre dentro de unos parámetros profesionales válidos.

Es aquí cuando es necesario que toda evaluación siempre sea objetiva, busque señalar y describir el objeto evaluado tal como es, con sus cosas buenas y con sus malas también, siempre orientados a la mejora permanente y a la superación de las debilidades, que se traducen en un fortalecimiento no solo del investigador o los investigadores, si no, en consecuencia, de toda la unidad de investigación.

3

INVESTIGACIÓN, CONOCIMIENTO, CIENCIA Y PROCESO DE INVESTIGACIÓN Y MÉTODO CIENTÍFICO

1. Conceptualización de la investigación. Consideraciones filosóficas

Más allá de lo que hemos venido hablando respecto a la investigación en el ámbito de la seguridad, la delincuencia y penal, la investigación se extiende en todos las áreas del conocimiento, y es que sin ella, no existiría el progreso, la evolución y el perfeccionamiento de las ciencias ni el arte.

Algunos consideran el proceso investigativo como un arte, mientras que otros lo consideran una ciencia. Lo cierto es que, sea arte o sea ciencia, todo proceso de investigación debe tener la dedicación y el cuidado que no nos cansaremos de enfatizar a lo largo de este texto. Sin embargo hay algunas precisiones respecto a cómo debe considerarse el proceso investigativo que tratará de sintetizar ambas definiciones. Para empezar, comenzaremos por desmenuzar cada una.

. . .

Si consideramos el proceso de investigativo como un arte, empecemos por el término que dio a nacer esta palabra: *téchne*. Este término, proveniente del antiguo griego, refiere directamente a la técnica, la forma de hacer las cosas. Pudiéramos decir que refiere al estudio de cómo hacer las cosas, y se le ha relacionado íntimamente con el concepto de arte a lo largo de su desarrollo en la historia.

Como nos referimos a un concepto que nace en la antigua Grecia, hablamos de que todo el accionar y el filosofar de los griegos antiguos pretendían ser la encarnación de aquella filosofía de la virtud. Aquello que filósofos como Aristóteles y Platón llamaban, de manera resumida, el sumo bien. Esta filosofía de la virtud griega, entendía que todo el accionar debería ser bello, debería ser ideal. Esta belleza griega, por ser buena, es correcta y apropiada, es virtuosa en sí misma. Esta concepción de la belleza se extiende en campos del comportamiento como la ética. Así, actuar de manera bella significaba actuar bien, actuar de manera virtuosa. Pero, ¿qué es virtuosismo? El virtuosismo refiere, en su esencia, a la extrema expertcia en la ejecución de una habilidad. Así, al ser un virtuoso, se está haciendo el bien, de manera bella de acuerdo a los antiguos griegos. En conclusión, pudiéramos hablar de que si el proceso de investigación es un arte, refiere a una técnica y una habilidad que requiere de un perfeccionamiento permanente para su ejecución virtuosa y, por lo tanto, eficiente y eficaz. Con esto podemos empezar a relacionar la investigación vista como un arte con todo el discurso que hemos venido manejando dentro del texto. Ahora nos falta ver cómo se puede entender la investigación como una ciencia.

Sin embargo, no se debería considerar a la investigación como una ciencia, por la sencilla razón de que la investigación no es un cuerpo teórico, un sistema de teorías que buscan explicar un fenómeno o hecho -esto es un apartado que definiremos más adelante. Mas bien, las ciencias se sirven de la investigación para llevar a cabo sus cometidos y poder desarrollar las ciencias todavía más. Visto así, las ciencias utilizan a la investigación para descubrir información, discernirla, criticarla, sistematizar, clasificar, entre otras cosas, para poder producir conocimientos. Estos conocimientos pueden luego traducirse en tecnologías, teorías, medicinas, técnicas, movimientos sociales y filosóficos, etc.

Ahora que podemos ver qué tienen que ver la investigación con la ciencia, es normal inferir que hablamos entonces de que la investigación es una técnica por la cual la ciencia cumple sus objetivos. Esto es cierto, parcialmente.

Más que una técnica, la investigación es un proceso (tal como se plantea en el título de este capítulo), una secuencia de pasos, sistemáticos, en orden, para llegar a un resultado. De esta manera, la investigación se asemeja mucho más al concepto de método. En el caso de la ciencia, como ella se construye a sí misma por la construcción y desarrollo de las ciencias, también se reinventa a sí misma. No solo entra en crisis con los principios y teorías que en un principio explicaban la realidad cuando dichos principios y teorías resultan insuficientes para explicar la nueva realidad, si no que supera esta dificultad planteando nuevos principios y teorías que se ajustan a dichas nuevas realidades. En este continuo proceso de autocrítica, de reinvención científica, también incluye sus formas de hacer ciencia. Es decir, sus métodos científicos. Para ello, toda ciencia posee una metodología que le otorga validez a los resultados obtenidos. La metodología estudia los métodos utilizados para conseguir dichos resultados. Son estos estudios los que permiten otorgar validez al conocimiento producido por él uso de un determinado tipo de método.

. . .

Todo este proceso de desarrollo y transformación de la ciencia se apoyan en la investigación: investigación de realidades, teorías, técnicas, métodos y metodologías.

Además, quedan dos interrogantes por responder:

1. ¿Qué es, entonces, lo científico?
2. ¿Cómo se debería ver, entender y asumir a la investigación?

Lo científico refiere a todo aquello relacionado con estos cuerpos teóricos, estos sistemas de conocimientos que tengan validez por su verificabilidad, productos de investigaciones, análisis y reflexiones permanentes.

Dentro del área de la investigación criminal, de la investigación penal, y a fines, el investigador de estas áreas es, por definición, un científico. Todo investigador, sea de la rama que fuere, dentro de cualquier disciplina, dentro de cualquier ciencia, es también un científico.

Quizá el título parezca raro, o incluso un poco grande para algunos. Esto se debe a la creencia que se maneja comúnmente que los científicos son únicamente aquellos que están insertos en laboratorios de química, física, química o computacionales resolviendo los misterios de la naturaleza. Esto no es casualidad, y es que, para entender un poco la razón de esta creencia, en un principio solo se le consideraba ciencia (y por lo tanto, a los científicos) a todo aquello que investigaba lo relacionado con las matemáticas, la física, etc. Es, desde hace históricamente poco, que las ciencias sociales y otras ciencias, se les considera como tal. A pesar de ello, aún se conserva la idea de llamar "investigador" a pesar de que su profesión y su trabajo está enmarcado dentro de un ámbito científico.

Visto así, con las exigencias que únicamente el término "científico" implica, la investigación debería asumirse como un método adaptado, ajustado y engendrado por la realidad misma que se pretende estudiar (o en este caso, los casos) de manera que la teoría y la investigación se adapte a los hechos y no que los hechos se adapten a la teoría: esto último es irrisorio y anti-ético puesto que se entra en un falseamiento de los planteamientos teóricos y un irrespeto al objetivo de la ciencia, además de que las explicaciones que surjan de esta manera de hacer las cosas (adaptar la realidad a la teoría) implican un esfuerzo estéril en darle validez y veracidad a una teoría que realmente se equivoca o que no es suficiente para explicar los hechos. Hacer esto, en el ámbito de la seguridad, lo criminal, pudiera tener implicaciones legales importantes e incluso arriesgar la integridad de personas inocentes, incluida la integridad del investigador/científico incompetente.

Conjugando las concepciones de la investigación como arte y precisando la relación que tiene la investigación con la ciencia, podemos concluir que: la investigación es una metodología de trabajo que pretende alcanzar, de manera eficiente y eficaz, con el ejercicio virtuoso de todas las habilidades innatas y adquiridas por el profesional en investigación, el conocimiento más preciso y veraz del objeto que se está estudiando, independientemente del área del conocimiento que pertenezca, siempre sensible y flexible a los requerimientos, necesidades y particularidades que la realidad exige para ser entendida, y nunca rígida frente a casos en los cuales los métodos resultan, inicialmente, insuficientes.

2. Conocimiento y su clasificación

Sí continuamos con el lineamiento que hemos venido desarrollando en relación a lo que es la investigación en este texto, tenemos que el fin último de la investigación es el conocimiento. El conocimiento puede llegar a ser muchas cosas, pero nunca algo falso. Como mencionamos, el falseamiento de las cosas es algo que va en contra de los principios éticos-profesionales de cualquier investigador, y en tanto, la ciencia.

De ser así, entonces, ¿qué puede ser el conocimiento? Nuevamente, el conocimiento puede ser muchas cosas dependiendo de la postura que se tome frente a él. Esta postura determina no solo el cómo se entiende el conocimiento sino cómo lo obtenemos. Sí nos vamos a los planos filosóficos tenemos que existen múltiples tendencias y disciplinas que entienden y consiguen el conocimiento de diferentes maneras. Si bien todas ellas son capaces de producir un conocimiento, la verdad es que estas tendencias se limitan a sí mismas a solo una parte de la totalidad de conocimientos que se pueden adquirir en un proceso de investigación.

Si retomamos a Hessen de un par de capítulos anteriores, él nos habla de diversas de estas posturas frente al origen del conocimiento. Para simplificar la discusión, tomaremos dos posturas naturalmente antagónicas e invitamos al lector a generar por sí mismo el punto medio y apropiado que recoge las características válidas de estas dos posturas opuestas: el racionalismo y el empirismo.

La primera de ellas, el racionalismo, propone que todo conocimiento *verdadero* tiene su origen en el pensamiento humano. Esto es, que todas las cosas que son productos de la mente humana son conocimientos verdaderos únicamente cuándo estos pensamientos, o estos *juicios*, "poseen necesidad lógica y validez universal"; es decir, estos juicios son válidos mientras estos guarden un sentido único para todo el que lo piense. Visto de otra manera, estos juicios racionales nos dicen que las cosas sólo pueden ser de una manera, y únicamente de esa manera, no de otra. Contrariamente, a fin de esclarecer el racionalismo no sólo con lo que es el racionalismo, sino también con lo que *no* es el racionalismo, Hessen nos da un ejemplo bastante claro:

"Cosa muy distinta sucede, en cambio, con el juicio "todos los cuerpos son pesados", o el juicio "el agua hierve a cien grados". En este caso solo podemos juzgar que es así, pero no tiene que ser así. En y por sí es perfectamente concebible que el agua hierva a una temperatura inferior o superior(...)Estos juicios no tienen, pues, necesidad lógica. Y asimismo les falta la rigurosa validez universal. Podemos juzgar únicamente que el agua hierve a los cien grados y que los cuerpos son pesados, hasta donde hemos podido comprobarlo. Estos juicios son válidos, pues, dentro de unos límites determinados. La razón de ellos es que, en estos juicios, nos hallamos atenidos a la experiencia...."

Sin extendernos más, podemos concluir que el racionalismo es enteramente deductivo y que considera la experiencia como un limitante del conocimiento. El racionalismo se caracteriza, entonces, por su fuerte desarrollo en las ciencias formales, como la matemática.

En tanto a la segunda postura que trabajaremos, el empirismo, ésta es radicalmente contraria al racionalismo. Si el racionalismo considera a la razón, el pensamiento, la lógica, como el origen del verdadero conocimiento, el empirismo considera la experiencia, la percepción, los objetos, como el origen del verdadero conocimiento. Así, el empirismo cree que el sujeto que conoce (en este caso, nosotros como investigadores) no tenemos ningún tipo de referencia ni "materia" que pueda servir para generar más conocimiento, somos una tábula rasa. Por lo tanto, es necesario que entremos en contacto con el mundo exterior, con el mundo material, y que, por medio de los sentidos y de la percepción, nos llegue toda la información y el conocimiento sobre las cosas.

Visto desde otro punto de vista, básicamente, para poder conocer lo que es el agua, debemos percibir y sentir el agua; no es posible conocer el agua con solo pensarla. Esto no solo se limita a objetos materiales, sino también a conceptos, por lo que cualquier tipo de concepto o abstracción que haya hecho el hombre, tiene su origen fundamental en la experiencia. Hessen, al respecto, nos señala que los empiristas fundamentan esta afirmación en base a la evolución del pensamiento y conocimiento humano, ejemplificando:

"El niño empieza por tener percepciones concretas. Sobre la base de estas percepciones llega paulatinamente a formar representaciones generales y conceptos. Estos nacen, por ende, orgánicamente de la experiencia. No se encuentra nada semejante a estos conceptos que existen acabados en el espíritu o se forman con total independencia de la experiencia. La experiencia se presenta, pues, como única fuente del conocimiento."

Además, los empiristas están fuertemente arraigados y desarrollados en el área de las ciencias naturales. Pues, naturalmente, es necesario que estos observen el mundo para que puedan analizar, comprenderlo y explicarlo.

Para finalizar con este tema, debemos dejar en claro que, independientemente de estas posturas, existen una relación entre el investigador/sujeto y el mundo/objeto. Ya sea que el sujeto haciendo uso de la razón pueda conocer el objeto, o de que el objeto proyecta sus características en los sentidos del sujeto y por medio de estos, es que el sujeto puede conocerlo, esta relación sujeto-objeto es un juicio general en el cual se toman todas las consideraciones respecto a cuál es el origen del conocimiento. Dejamos esta resolución a manos del lector.

Por otro lado, ¿por qué nos importa saber el origen del conocimiento? Como científicos e investigadores de cualquier área, incluso del área de seguridad y criminal, es necesario comprender cómo funcionan los mecanismos fundamentales que operan durante el proceso de investigación. Es decir, es necesario que comprenda cómo funcionan los mecanismos que operan mientras hace su propio trabajo, trabajo cuyo producto final es el conocimiento de un hecho delictivo. Lo que pudiéramos considerar como "la verdad de los hechos". Así, podremos comprender cómo funcionan los conocimientos obtenidos a través de las distintas disciplinas científicas que están involucradas en un proceso de investigación para lograr armar el rompecabezas de la manera más acertada posible, haciendo congruente, por ejemplo, los conocimientos o productos de investigación que arrojan las ciencias estadísticas con las ciencias naturales en tanto a la recolección de muestras y evidencias físicas de un asesinato.

. . .

En coherencia con lo anterior, surge otra pregunta de igual importancia. Si ya podemos conocer el origen del conocimiento, entonces, ¿qué es el conocimiento? Afortunadamente, Fidias G. Arias nos sintetiza en gran medida ésta discusión, determinando el conocimiento tanto como un proceso como un producto de dicho proceso; visto como un proceso, entiende la interacción permanente de la relación sujeto-objeto que mencionamos con anterioridad; visto como producto, refiere a lo que genera esta interacción, manifestado en conceptos, imágenes, relaciones, entre otros. Así, "Cuando el sujeto capta un objeto y se apropia de algunas de sus características, se puede afirmar que dicho sujeto conoce, en alguna medida, el objeto que ha percibido."

Continuando con Arias, y dentro de un ámbito científico, existen dos tipos de conocimientos:

- Conocimiento vulgar: Refiere al conocimiento generado por experiencias particulares, de manera no intencional y por lo tanto, no verificado. En un contexto científico, este tipo de conocimiento no tiene validez como un verdadero conocimiento o cómo la verdad por dichas razones. Esto es lo que filósofos como Aristóteles consideraban como "doxa", una simple opinión no fundamentada. Sin embargo, estas creencias pueden sentar las bases del conocimiento científico, ya que pueden ser investigadas y verificada bajo los métodos apropiados.
- Conocimiento científico: En este caso, refiere a todo conocimiento que es generado por método científico, el cual tiene una clara intencionalidad y es producto de una investigación, verificable. Además, el conocimiento científico tiene que ser permanentemente verificable y reajustable en tanto todos los conocimientos científicos

generados no son presentados como saberes absolutos y determinantes, sino como aquellos que siempre son perfectibles o refutables, propios de la ciencia. Esta característica en común con la ciencia deriva de la necesidad permanente de conocer el objeto de estudio, o de conocer la verdad, por lo que la ciencia no se considera a sí misma como absoluta. A continuación veremos dos cuadros referentes a ejemplos y características de los tipos de conocimientos:

DIAGRAMA 1
EJEMPLOS DE TIPOS DE CONOCIMIENTO

CONOCIMIENTO VULGAR	CONOCIMIENTO CIENTÍFICO
Los mariscos sirven para curar la impotencia.	El sildenafil® es un medicamento probado experimentalmente para tratar la impotencia o disfunción eréctil.
La quina, el romero y la cayena sirven para curar la calvicie.	El finasteride® es un fármaco probado experimentalmente para tratar la calvicie o alopecia.
La guayaba cura la anemia.	La anemia se caracteriza por una deficiencia de hierro en la sangre, por lo que se trata con una alimentación y medicamentos ricos en este mineral. Sin embargo, la «vitamina C» contenida en la guayaba, contribuye a la fijación del hierro en la sangre.
Los ejercicios abdominales "queman" la grasa excesiva que se acumula en la cintura.	Sólo los ejercicios aeróbicos y cardiovasculares (de moderada intensidad y larga duración), consumen suficientes calorías como para reducir la grasa corporal de forma integral y no de manera localizada.

DIAGRAMA 1 | Ejemplos de tipos de conocimiento

NOTA: Si desea gráficas de mayor resolución o mas información, con todo gusto le ayudaremos. Por favor envíenos su requerimiento a: info@librosahertzog.com

DIAGRAMA 2
CARACTERÍSTICAS DE LOS TIPOS DE CONOCIMIENTO

CONOCIMIENTO CIENTÍFICO	CONOCIMIENTO VULGAR
VERIFICABLE	**NO VERIFICABLE**
Puede ser comprobado por otros	No soporta comprobación.
OBJETIVO	**SUBJETIVO**
Describe la realidad tal como es, descartando deseos y emociones.	Parte de creencias e impresiones propias de un sujeto.
METÓDICO	**ESPONTÁNEO**
Debido a que es producto de la aplicación deliberada e intencional de una serie de pasos y procedimientos técnicos.	Porque se adquiere de forma casual o accidental.
SISTEMÁTICO	**ASISTEMÁTICO**
Porque los conocimientos se relacionan y se complementan	Debido a que consiste en ideas aisladas.
EXPLICATIVO	**DOGMÁTICO**
Busca el porqué de las cosas (causas y efectos).	Por cuanto sus juicios son impuestos sin cuestionamiento
PREDICTIVO	**ESPECULATIVO**
Con base en argumentos válidos, puede hacer proyecciones o prever la ocurrencia de determinados fenómenos.	Emite conjeturas sin base o sin argumentos válidos.
GENERALIZABLE	**NO GENERALIZABLE**
Por cuanto establece leyes científicas constantes y aplicables a un universo.	Ya que las creencias individuales no son extensivas a una población.

DIAGRAMA 2 | Características de los tipos de conocimiento

Para finalizar, ahora sí, con el tema del conocimiento, podemos sintetizar en que: el conocimiento es la materia, el proceso y el producto final de cualquier tipo de investigación, incluida la investigación criminal y de seguridad, en tanto permite ser utilizado para comenzar un proceso de investigación, ejecutar y desarrollar dicho proceso, y generar un conocimiento final que permite resolver los casos una vez se presenta a las autoridades pertinentes en materia penal, en tanto el contexto de investigación de seguridad y criminal.

3. La ciencia

La investigación criminal y de seguridad son procesos orientados a un objetivo y objetos específicos. Como tal, el proceso de investigación es una herramienta de las ciencias criminales para poder realizarse a sí mismas en tanto permiten resolver casos, como hablamos unas cuantas páginas más arriba. Así, por ejemplo, las ciencias forenses y las ciencias de la computación son cuerpos teóricos importantes en la investigación criminal y de seguridad, debido a que conforman referentes previos, como otros casos y muchos conocimientos relacionados con asesinatos, desapariciones, hackeos masivos, infraestructura dañada, entre otros. En este sentido, es importante, quizá más que con el conocimiento, definir este concepto para entender con qué estamos trabajando al hablar de investigación. Continuando la gran referencia que es G. Arias para hablar de la investigación científica, nos ataremos un poco más a las referencias de este autor para explicar con su bien lograda síntesis, las categorías que hemos y continuaremos definiendo en relación a la investigación científica. Bajo esta directriz, cuando en anteriores ocasiones nos hemos referido a la ciencia como "cuerpo teórico", en este caso, las ciencias resultan en un conjunto de conocimientos respecto a un objeto de interés, el cual resulta válido por estar respaldado por ciertos mecanismo e instrumentos que permiten verificar dichos conocimientos. La ciencia, y por lo tanto, los conocimientos que la constituyen, posee tres elementos fundamentales que la caracteriza y diferencia de cualquier otro saber, y estos son, citando a Arias:

> "Verificables: porque pueden ser comprobados. La afirmación: el agua hierve a una temperatura de 100° centígrados a nivel del mar", puede ser verificada fácilmente utilizando los instrumentos adecuados.
>
> Sistemáticamente organizados: debido a que poseen un orden lógico y se relacionan entre sí. Por ejemplo, en matemática, los números naturales son elementos necesarios para realizar las operaciones de suma, resta, multiplicación o división. Así mismo, entre estas operaciones existe una vinculación: la multiplicación es una "suma simplificada" y la división es la operación inversa a la multiplicación.
>
> Metodológicamente obtenidos: ya que son producto de la aplicación de un conjunto sistemático de pasos, conocido como método científico."

Toda investigación, especialmente la criminal y la de seguridad, debe ser verificable, sistemáticamente organizada, y metodológicamente ejecutada. Tan sólo visualice la exposición de caso frente a un tribunal o frente a las autoridades competentes, en el cual se le presenta al juez un informe y una ponencia de una investigación que están sistemáticamente organizada y metodológicamente ejecutada, y aún así, no puede comprobarla como verdadera, no puede verificar que el culpable es de hecho, el culpable, inocente o víctima. ¿Cómo queda usted y su investigación frente al juez? Ahora, visualice la misma situación, con una investigación verificable, sistematizada organizadamente pero sin una metodología aplicada. ¿Cómo hizo usted para obtener dicha información? De igual manera, visualice una investigación verificable, metodológicamente ejecutada, pero sin sistematización organizada. ¿Cómo llegó a las conclusiones de que el acusado es culpable, víctima o inocente?.

Evidentemente, esta tríada de componentes de toda investigación científica son la piedra angular de todo conocimiento que se quiera llamar *verdadero*, serio, profesional, científico. Recuerde que, antes que un investigador criminal o de seguridad, usted es un científico que quiere conocer lo que está estudiando/investigando. Al asumir su rol como investigador científico, independientemente del área en el que se desempeñe, comienza a despojarse de las sobrecargas de subjetividad y parcialidad que pueda tener al momento de abordar un caso. Así, al ser científico se aspira que el sujeto investigador comience el derrotero por perseguir el conocimiento y la verdad. El conocimiento y la verdad son, esencialmente, imparciales y objetivos.

4. Método científico

Anteriormente hemos hecho referencia a la metodología y a los métodos en nuestro apartado de conceptualización en relación a la investigación, con lo cual dejamos bastante definido todas las consideraciones y aclaratorias cuando hablamos sobre estos conceptos.

Dichos tratamientos y definiciones de los términos persisten cuando hablamos de método científico. Si recordamos, los métodos siempre deben ajustarse a lo que se está estudiando y a lo que se quiere conseguir. Si hablamos de un método científico, éste método debe guardar coherencia tanto con la ciencia como con su objeto de estudio.

. . .

Así, como ya hemos hablado de ciencia, es momento de recordar la triada de elementos fundamentales que definen y caracterizan a toda ciencia, especialmente a los conocimientos de esta, producto de un proceso de investigación: estos conocimientos deben ser verificables, sistematizados organizadamente y metodológicamente obtenidos.

La secuencia de pasos a seguir en el método científico son una antesala a lo que denominamos sistematización organizada, cuyo término es relativamente redundante. Si es sistematizado, esto sigue un orden y/o secuencia lógica que lo constituye. Además, dentro de esta secuencia de pasos del método científico se encuentra la verificación como subproceso que permite validar responsablemente la información/conocimiento obtenido. En tanto al aspecto metodológico, este corresponde más a la aplicación de técnicas e instrumentos para recolectar datos o poner a prueba las hipótesis, ambos pertenecientes al subproceso de verificación. Es decir, dentro del método científico existe una serie de pasos/procesos que se ejecutan en orden para poder realizar una investigación, a fin de que esta se realice dentro de un orden lógico garantizado. Además, el paso/subproceso de verificación comprenden también al elemento de lo metodológico, en tanto esto determina la manera en cómo se van a recolectar los datos que arrojará la información que necesitamos.

De acuerdo con Arias, para garantizar que la investigación sea sistemática inicialmente, todo proceso de investigación debe seguir:

1. Observación: del hecho o del fenómeno.
2. Formulación del problema: formulación de una pregunta respecto a lo que se observó. ¿Cómo murió? ¿Motivo del crimen? ¿Arma homicida?.

3. Formulación de hipótesis: posibles respuestas a las interrogantes planteadas en el paso anterior.
4. Verificación: la hipótesis se prueba mediante el empleo de técnicas o instrumentos de recolección de información.
5. Análisis: de los resultados obtenidos del paso anterior para determinar qué confirma o refuta la hipótesis inicial.
6. Conclusión: respuesta al problema generado por la verificación y el análisis en los pasos anteriores.

Estos pasos son, en general, los esenciales a todo método científico. Comprendiendo el ritmo de trabajo que a veces pueden tener los procesos de investigación criminal y de seguridad, estos procesos/pasos son ejecutados, muchas veces, a un nivel inconsciente cuando nos enfrentamos a un caso, en tanto no nos detenemos a realizar un informe que describa paso a paso cada uno de estos procesos. Sin embargo, éste método puede resultar mas familiar de lo que algunos puedan inferir, en tanto siempre nos estamos haciendo preguntas respecto a las cosas que nos rodean en nuestra cotidianidad sin importar lo banal que pueda llegar a ser. Forma parte de la naturaleza curiosa del ser el preguntarse cosas frente a otras cosas más que suceden o de las que piensa. Este elemento guarda intrínseca relación con lo que mencionamos anteriormente respecto a la vocación natural por la búsqueda de la verdad y la satisfacción de la curiosidad del investigador como cualidades importantísimas para alguien que busque aprender de esta profesión.

5. Niveles de investigación

Dentro de toda investigación, existen diversos niveles y diseños -que tratamos en el siguiente capítulo- que sirven diversos propósitos e intereses del sujeto investigador y/o del caso. En este caso, cuando hablamos de niveles de investigación refiere a qué tan profundo nos adentraremos en el estudio y la investigación del caso que deseamos conocer. A tales efectos, existe una clasificación bastante sencilla y útil para lograr posicionarnos en algún nivel de investigación, la cual siempre se adecuará a nuestras necesidades. A lo largo de una sola investigación, el investigador por estar en distintos niveles. Así, la clasificación por niveles de investigación es:

- Investigación exploratoria: Se caracteriza precisamente por explorar superficialmente el caso en estudio. Se encarga de recoger las informaciones necesarias para determinar frente a qué tipo de caso nos estamos enfrentando: asesinato, secuestro, chantaje, drogas, bandas delincuentes, estafas, entre otros. Esta determinación de los casos por parte de una investigación exploratoria resulta importante porque contribuye a la formulación de un problema -recordemos el método científico a partir de ahora- y a la formulación de una hipótesis, como idea preliminar que pretende ser la respuesta al caso. Una deducción similar se encuentra definida por Selltiz, Wrightsman y Cook, citados por Arias en la cual, la investigación exploratoria:

"Sirve para familiarizar al investigador con un objeto que hasta el momento le era totalmente desconocido (Selltiz y otros, 1980).– Se utiliza como base para la posterior realización de una investigación descriptiva.– Puede crear en otros investigadores el interés por el estudio de un nuevo tema o problema. – Como se expresó anteriormente, puede ayudar a precisar un problema o concluir con la formulación de una hipótesis."

- Investigación descriptiva: Este nivel de investigación se adentra más allá de la superficie y la exploración para tratar de describir y atribuir características a lo que se está observando. Por ejemplo, ver un arma de fuego al lado de un cadáver parece indicar que se trata de un suicidio - nivel exploratorio; sin embargo, las huellas que se encontraron en el arma no corresponden a las huellas del cadáver, son más grandes y contienen tierra de abono - nivel descriptivo. Así, Arias nos define con precisión la investigación descriptiva como aquella que :

"consiste la caracterización de un hecho, fenómeno, individuo o grupo, con el fin de establecer su estructura o comportamiento. Los resultados de este tipo de investigación se ubican en un nivel intermedio en cuanto a la profundidad de los conocimientos se refiere."

- Investigación explicativa: Como su nombre señala, este nivel de investigación es el más profundo de los tres, en tanto pretende explicar las causalidades, evidentes o no, de las evidencias recolectadas para armar el caso. Así, continuando con el ejemplo anterior, caracterizar lo que observado solo sirve para asignar particulares a las cosas. Por lo tanto, decir que las huellas del arma no corresponden con él cadáver resulta suficiente para inferir que no estamos frente a un suicidio. Además de esto, también es posible inferir que alguien no solo pudo haber asesinado a la víctima, si no que pretendió hacerlo pasar por un suicidio. Esto genera otras rutas de investigación y de cuestionamiento, en tanto ¿el culpable tuvo el suficiente tiempo como para hacer las preparaciones? ¿Por qué dispuso la escena del crimen de esta manera, y no de otra? ¿cuál es el motivo del asesinato?. La investigación explicativa busca trascender la mera explicación de lo que la evidencia recolectada y busca establecer relaciones entre ellas para conseguir la respuesta a las múltiples interrogantes.

Este tipo de investigación explicativa corresponde a un proceso investigativo por lo general a posteriori del hecho delictivo. Es decir, hablamos de una categoría de investigación predominantemente reconstructiva, en tanto esta no solo busca "reconstruir" lo que sucedió si no que además pretende responder a las causas del hecho delictivo. Por cuestiones de tiempo, espacio y momentos del proceso, es natural que se haga esta asociación entre la investigación reconstructiva y la investigación explicativa. Esto no significa que sea excluyente o limitativo, pero es lo que generalmente se manifiesta en el campo de trabajo debido a la naturaleza de cada una de las categorías de investigación criminal y de seguridad, que desarrollaremos en breve.

Por otro lado, tenemos que la investigación constructiva -otra categoría de la investigación criminal y/o de seguridad- corresponde más a un nivel de investigación descriptivo, en tanto la dinámica propia de esta categoría de investigación no suele dejar espacio para una planificación o una sistematización debido a que se encuentra en presencia de un hecho delictivo en pleno desarrollo o previo a su ejecución. De igual manera, esto no resulta limitativo ni excluyente, ya que depende mucho de la habilidad del investigador para armar estas relaciones - poder explicar lo que está sucediendo para proceder de la manera más acertada, tanto para prevenir el delito como para captarlo *in fraganti*. Por lo general, sin embargo, este tipo de investigación suele ser una antesala a la investigación reconstructiva, en tanto esta permite "reconstruir" el crimen en base, parcialmente, de la información recolectada durante la investigación constructiva, que describe hechos, fenómenos, acciones, entre otros (investigación descriptiva). Arias, nuevamente, nos sintetiza lo que es esta investigación explicativa:

"La investigación explicativa se encarga de buscar el porqué de los hechos mediante el establecimiento de relaciones causa-efecto. En este sentido, los estudios explicativos pueden ocuparse tanto de la determinación de las causas (investigación post facto), como de los efectos (investigación experimental), mediante la prueba de hipótesis. Sus resultados y conclusiones constituyen el nivel más profundo de conocimientos."

6. Diseño de investigación

- Investigación documental

Citando a Arias: "El diseño de investigación es la estrategia general que adopta el investigador para responder al problema planteado. En atención al diseño, la investigación se clasifica en: documental, de campo y experimental."

En tanto al diseño documental de una investigación: "es un proceso basado en la búsqueda, recuperación, análisis, crítica e interpretación de datos secundarios, es decir, los obtenidos y registrados por otros investigadores en fuentes documentales: impresas, audiovisuales o electrónicas."

Este diseño de investigación es especialmente útil cuando estamos frente a grandes equipos de investigadores que están abordando diferentes fenómenos de un mismo caso. Se pueden dar, por ejemplo, casos cuya gran complejidad requieren del despliegue de mas de una unidad de investigación criminal, de distintos departamentos y agencias de investigación. Estos casos de gran extensión y aparentemente imposibles, requieren de una red de comunicaciones entre los equipos involucrados para que todos estén al tanto del estado de los acontecimientos en pleno desarrollo, ya sean estos acontecimientos relacionados con los avances de la investigación o relacionados con delitos que aún se están llevando a cabo -como pudiera ser el caso de mafias o grupos terroristas-, así como investigaciones anteriores a las que se están llevando a cabo, para determinar cuáles fueron las conclusiones que se formularon con anterioridad con las cuales se pudieron resolver -o no- los casos que aún están vigentes. Así, esta red de comunicación e información se manifiesta en la consulta permanente de los avances de los distintos equipos por parte de los mismos equipos, en lo que las tecnologías de comunicación e información -también conocidas como las TICs- juegan un papel fundamental en la eficacia y eficiencia de este compartir de información.

Por la naturaleza de este diseño, es necesario hacer unas precisiones conceptuales intrínsecas en él. Como hemos hecho hasta ahora, las razones por las cuales hay que indagar en detalles aparentemente insignificantes o fatigantes corresponde, en este caso, a un manejo de un lenguaje técnico dentro del ámbito de la investigación, que no solo amplía nuestros conocimientos respecto a nuestra propia área profesional, sino que habilita el intercambio de conocimientos, informaciones, planes, estrategias y demás, con otros grupos de profesionales o profesionales particulares. Bajo este lineamiento, procedemos con Arias:

"Dato: es la unidad de información que se obtiene durante la ejecución de una investigación. Según su procedencia, los datos se clasifican en primarios, cuando son obtenidos originalmente por el investigador; y secundarios, si son extraídos de la obra de otros investigadores.

Fuente: es todo lo que suministra datos o información. Según su naturaleza, las fuentes de información pueden ser documentales (proporcionan datos secundarios), y vivas (sujetos que aportan datos primarios)."

Si las fuentes son, en potencia, todo lo que suministra información, entonces sin duda alguna existen multitud de fuentes de información. Hoy en día, sobre todo, con la abundancia de información que existen en las redes -no precisamente de internet- de comunicación e información dentro del área de investigación criminal y de seguridad, las tecnologías nuevamente toman un papel predominante en nuestra era digital. Así, en tanto a tipos de fuentes de información dentro del ámbito de la investigación documental:

DIAGRAMA 3
EJEMPLOS DE TIPOS DE FUENTES

FUENTES IMPRESAS	FUENTES AUDIOVISUALES O DE SÓLO AUDIO	FUENTES ELECTRÓNICAS
DOCUMENTOS ESCRITOS **> Publicaciones no periódicas** Libros (fuentes bibliográficas) Folletos Tesis y trabajos de grado Trabajos de ascenso Informes de investigación **> Publicaciones periódicas** Prensa (Fuentes hemerográficas) Revistas científicas Boletines **DOCUMENTOS DE CIFRAS O DATOS NUMÉRICOS DE PUBLICACIÓN PERIÓDICA** Informes estadísticos Informes socioeconómicos anuarios Memorias y cuentas **DOCUMENTOS GRÁFICOS** Fotografías Reproducciones impresas de obras de arte Ilustraciones Atlas Mapas y planos	**DOCUMENTOS AUDIOVISUALES** Películas Documentales Videos Videoconferencias **> Grabaciones de audio** Discursos Entrevistas Declaraciones Conversaciones telefónicas o en persona	**DOCUMENTOS EN INTERNET** **> Páginas web** **Publicaciones periódicas en línea:** Diarios Boletines Revistas **> Publicaciones no periódicas en línea:** Libros Informes Tesis Documentos obtenidos a través de correo electrónico Grupos de noticias y foros de discusión **> Documentos digitalizados** Archivos en disco duro Archivos en CD Archivos en memorias portátiles (pendrive) **> Bases de datos** Institucionales Comerciales

DIAGRAMA 3 | Ejemplos de tipos de fuentes

- Investigación de campo

Este diseño de investigación refiere a toda aquellas investigaciones cuyo proceso se ejecuta directamente en la realidad que le concierne. Es decir, si se pretende investigar el lecho marino, no se recurrirán a documentos o registros audiovisuales para conseguir la información, sino que se acude directamente al sitio debajo del mar y observar de primera mano qué es lo que sucede en el lecho marino. Lo mismo ocurre con la investigación criminal -y con cualquier otra área de la investigación científica- en la que el sujeto investigador está en contacto directo con su objeto de estudio. En el caso de nuestra área, la criminal y la de seguridad, el investigador llevará a cabo su investigación directamente en la escena del crimen: recoge evidencia, precisa objetos, analiza lo que sea posible analizar fuera de los laboratorios, toma fotografías y elabora informes rápidos.

El área de la investigación criminal siempre se rige por factores temporales, en tanto la investigación puede hacerse anterior, durante o después de los hechos delictivos. Sin embargo, es extremadamente raro conseguir investigaciones activas y haciendo seguimiento antes de que ocurran los delitos, ya que por lo general muchos de los delitos comunes son espontáneos y sin premeditación; los criminales en este aspecto suelen estar bajo efectos psicotrópicos o bajo un estrés emocional y mental de muy alto nivel que hacen que estos no tengan la capacidad de evaluar las consecuencias de sus acciones.

Por otro lado, existen delitos que llevan procesos de planificación, como lo es el asalto a un banco, el secuestro de una víctima, o los asesinatos seriales, acosos, entre otros similares. En este tipo de casos, solo y únicamente se pueden llevar a cabo procesos de investigación anteriores a los delitos cuando se sospechan de estos. En el caso de los acosadores, esta acción en sí es castigada a nivel legal y las denuncias sólo permiten evitar que el acoso evolucione en otros delitos de mayor gravedad como el asesinato, el secuestro, la violación o el robo de información -entre ellos, robo de datos de cuentas bancarias, usurpación de identidad, y más- tomando previsiones frente al delincuente. En el caso de los asaltos a un banco, estos son extremadamente difíciles de prever en tanto puede ser cualquiera, en cualquier momento, en cualquier banco. En dado caso, lo que se puede hacer como medida preventiva es realizar un seguimiento de los comportamientos de las bandas delictivas y hechos delictivos, con el fin de tratar de predecir el siguiente punto de ataque de los delincuentes.

Sin embargo, como podemos ver, realmente es difícil conseguir situaciones en las que, técnicamente hablando, se realicen investigaciones previas al delito como manera preventiva, por lo que solo quedan las investigaciones criminales mientras se cometen los delitos o después de estos (investigaciones constructivas e investigaciones reconstructivas).

En cualquiera de los casos, estamos hablando que la investigación criminal y de seguridad puede llevarnos a creer que su diseño de investigación es eminentemente de campo, en tanto siempre hay que estar en los lugares en donde ocurren hechos delictivos.

Esto es cierto, de nuevo, parcialmente. Cuando hablamos de asesinatos, secuestros, o delitos afines que requieren de su manifestación física o material para llevarse a cabo, sin duda hay que acudir al lugar de los hechos para detectar y recoger la evidencia física que estos dejan en la escena. Sin embargo, y especialmente hoy en día, tenemos delitos que se cometen a niveles informáticos, son delitos digitales que no dejan una especie de huella física o material detrás a la cual puedas acudir. Además, y dependiendo de la experticia del delincuente, estos pueden cometer delitos sin dejar rastro alguno de que lo cometieron, "limpiando" su rastro, modificando registros, usurpando identidades, y otros delitos afines. En este tipo de casos, estamos hablando de una especie de investigación mixta de campo y documental, en tanto no solo buscamos y revisamos registros electrónicos y digitales para conseguir evidencia, siendo estos un tipo de documento o fuente de información, sino que además, por la misma naturaleza de las tecnologías y la informática, estos documentos pueden llegar a ser el "campo" que debemos investigar: un campo digital, electrónico, cuya presencia nuestra en este lugar digital es requerida para comenzar con el proceso de investigación.

En este sentido bastante amplio y flexible respecto a la investigación de campo tomando en cuenta el contexto mundial de vanguardia y de era digital, tomaremos prestado el concepto de Arias -que nos parece estar a fin con estas consideraciones flexibles en tanto a la investigación de campo digital e informática- nos define la investigación de campo como: "a investigación de campo es aquella que consiste en la recolección de datos directamente de los sujetos investigados, o de la realidad donde ocurren los hechos (datos primarios), sin manipular o controlar variable alguna, es decir, el investigador obtiene la información pero no altera las condiciones existentes. De allí su carácter de investigación no experimental."

Si hacemos un mayor énfasis en la investigación criminal, tenemos que esta disciplina se encarga de estudiar casos. Pueden existir divergencias en tanto la terminología aplicada dentro de esta disciplina. Mas aquí venimos no solo a exponer un lenguaje técnico sino también a argumentar su validez.

. . .

El objeto de estudio de la investigación criminal, en aspectos generales, se le denomina casos. Esta denominación viene por la naturaleza puntual y particular en la que se manifiestan los delitos graves -aunque puede ser cualquier tipo de delito- de mayor frecuencia, de mayor regularidad. Así, los casos se nos presentan como unidades de problemas criminales a resolver en un tiempo determinado. Vistas cómo unidades, hablamos de cosas singulares, de *un* problema. Claro está, existirán ocasiones, como los asesinatos seriales, bandas de criminales organizadas o terrorismo, que estas unidades pasan a ser redes de unidades que aumentan en complejidad, y a veces, en dificultad. En estas situaciones, es cuando generalmente hablamos de casos en relación a una misma *fuente* criminal. Como es la misma y única *fuente* de delitos la que lleva a cabo los delitos, es entonces cuando se habla también de casos. Es decir, todo lo que pueda introducirse dentro de un solo problema de investigación criminal en tanto a características comunes, comportamientos, y afines, sé categorizan o clasifican dentro de una misma unidad: el caso.

¿Por qué nos extendemos con entender los casos? No solo por cuestiones de lenguaje técnico en tanto profesión. También estamos hablando de que los casos son *unidades de problemas* que, precisamente por ser unidades, se despliegan y coordinan todos los esfuerzos necesarios para llevar a cabo una investigación exhaustiva respecto a *un solo problema*, que constituye otros problemas, siendo el término *problema* un sinónimo de *delito* en esta argumentación. Arias nos sirve de soporte una vez más, en tanto: "En principio, se entiende por caso, cualquier objeto que se considera como una totalidad para ser estudiado intensivamente. Un caso puede ser una familia, una institución, una empresa, uno o pocos individuos. Debido a que un caso representa una unidad relativamente pequeña, este diseño indaga de manera exhaustiva, buscando la máxima profundidad del mismo". Atención con la relatividad del tamaño de los casos, pues como mencionamos anteriormente, los casos pueden crecer en complejidad

(complejidad entendida como extensión y como *redes de unidades de problema*. No confundirla con lo complicado, que se relaciona con la dificultad directamente). Complejidad entonces significa que existen más elementos a considerar al momento de observar y analizar un caso o un delito.

- Investigación experimental

Este diseño de investigación es prácticamente contraria a la anterior. Mientras que la investigación de campo pretende observar y analizar los casos y los delitos en los sitios donde ocurren de manera natural y espontánea, la investigación experimental pretende controlar las condiciones, los sitios y los lugares donde se producen ciertos delitos para evaluar y tratar de predecir los posibles resultados o desenlaces de lo que se está experimentando, ya sea una reacción química, un comportamiento humano/animal, un delito. En todo caso, es lo mismo decir que la investigación de campo es estrictamente no experimental dado que no controla condiciones; la investigación experimental si controla las condiciones.

Este diseño de investigación responde a la necesidad de afirmar o refutar las hipótesis que se formulen respecto a la realidad del caso. Así, por ejemplo, podemos tener una hipótesis que diga que el verdadero asesino es aquel que guardaba una estrecha relación sentimental con la víctima sin ser su pareja, y que los motivos del asesinato se deben más una especie de trastorno mental en el que el victimario siente atracción por infligir dolor a sus seres queridos. ¿Cómo probamos que esta hipótesis es verdadera? Entre otras cosas, creemos que el mas directo de los métodos que a cualquiera se le pudiera ocurrir se trata de usar a algún ser querido de este principal sospechoso como carnada. Así, teniendo un respaldo en investigación, perfiles criminales y psicológicos, y muchas otras referencias que validen la ejecución del experimento, se procede a hacer que él culpable revele por sí solo estas conductas trastornadas.

Por lo tanto, el equipo de investigadores prepara una situación en la cual la persona usada como carnada resulte ser una carnada todavía más provocativa para el sospechoso; se elige un espacio de encuentro entre estas personas en la cual el sospechoso encuentre grandes posibilidades de cometer el delito sin que sea descubierto, ya sea en lugares remotos o con mucho ruido, con herramientas o terrenos apropiados para delinquir y/o para cubrir el delito. Dependiendo de las preferencias depredadores del sospechoso, hacer ver físicamente a la carnada más vulnerable o más resistencia para tentarlo directamente. Todo esto realizado, obviamente, bajo una estricta operación de encubierto y vigilancia en el cual se puedan asegurar dos cosas luego de este experimento que ejemplificamos; la primera, demostrar que el sospechoso es, en efecto, el culpable, demostrando que sus conductas corresponden al mismo modus operandi del perfil del asesino que se dispone, además de obtener evidencia física que ubiquen y enlacen directamente a este sospechoso en la escena del crimen; la segunda cosa, es garantizar la seguridad de todas las personas involucradas, especialmente la que cumple el rol de carnada para llevar a cabo este experimento en específico, ya que es esa persona la que está más sensible y vulnerable de ser asesinada directamente por el sospechoso. Recordar que el punto del experimento es llegar a demostrar bajo unas condiciones controladas, las hipótesis que se formulan con respecto al caso. Las situaciones, vestimentas, las personas y sus integridades físicas y morales también entran dentro de estas condiciones preestablecidas, protegidas y garantizadas.

Al seguir hablando de condiciones, es natural que pasemos a precisar qué es una condición. Como hemos mencionado, las condiciones son las situaciones, vestimentas, personas, herramientas, entre otros, controladas e insertadas en un caso como forma de demostrar las hipótesis formuladas en base a una serie de elementos que pueden determinar el resultado del experimento de una u otra manera.

Estos elementos que determinan o condicionan el resultado deben ser categorizados y definidos con claridad en tanto estos representan un componente fundamental para que el caso tome distintos sentidos y/o gire en muchos grados. Estos elementos son más comúnmente conocidos como *variables*. Las variables, pues, tienen la capacidad de cambiar el curso de un caso y hacerlo perder o retomar el camino apropiado para poder resolverlo.

Por último, si tenemos que la investigación experimental trabaja con variables, las variables de estos casos se pueden clasificar rápidamente en dos: variables dependientes y variables independientes. La investigación experimental busca entonces explicar las relaciones y los efectos que estas variables, al interactuar entre sí y con otras variables, producen en un escenario en particular. Al respecto, Arias nos dice:

> "...la investigación experimental es netamente explicativa, por cuanto su propósito es demostrar que los cambios en la variable dependiente fueron causados por la variable independiente. Es decir, se pretende establecer con precisión una relación causa-efecto. A diferencia de la investigación de campo, la investigación experimental se caracteriza fundamentalmente, por la manipulación y control de las variables o condiciones, que ejerce el investigador durante el experimento."

7. Las hipótesis

En la investigación criminal, la hipótesis persigue el objetivo de establecer la causa, el porqué; y el causante, él quien, de un hecho criminal de cualquier índole. Es decir, la hipótesis es una serie de suposiciones, conjeturas, o creencias que buscan darle explicación a un hecho ocurrido.

Cualquier persona normal está en capacidad de crear conjeturas sobre un hecho, por ende cualquier persona podría crear no una, sino variedad de hipótesis entorno a un mismo suceso. Sin embargo, en la investigación criminal específicamente, estas suposiciones no pueden ser creadas a la ligera y nacidas de la pura imaginación del investigador.

Para desarrollar una hipótesis es importante tener una base sólida de pruebas. No se puede considerar sospechoso a una persona simplemente por mera intuición, al igual que no se pueden crear historias fantásticas sobre cómo fue pensado el crimen que se investiga. Todo debe fundamentarse en hechos concretos y reales, las pruebas, la documentación, los testimonios de testigos y las declaraciones de los informantes deben servir como base para conjeturar una hipótesis realista y coherente. "Las hipótesis se desprenden de la teoría, es decir, no surgen de la simple imaginación sino que se derivan de un cuerpo de conocimientos existentes que le sirven de respaldo" (Arias, 2006).

Así, las hipótesis son suposiciones previas que, si bien están fundamentadas en un conjunto o cuerpo de conocimientos, así como de cierta evidencia concreta, todavía no han sido probadas como verdaderas, ya que es solo eso: suposiciones o proposiciones previas a la comprobación y verificación de lo que es lo real.

En toda investigación criminal, cuando un delito ocurre o se manifiesta en realidad, lo primero que hacen los investigadores es ubicar e indagar dónde y qué es lo que hay en el lugar del hecho delictivo. En este punto, todavía no podemos hablar de hipótesis porque estamos, figurativamente, en blanco y vacíos con respecto a lo ocurrido, aunque no necesariamente: si reflexionamos, cuando un investigador va a escena no es que realmente se encuentre blanco o vacío, sin ningún tipo de contenido en la mente. En realidad, y en base a la experiencia, los investigadores que acuden por primera vez a una escena ya tienen una idea preliminar sobre lo que es, primeramente, las condiciones el caso: estas condiciones, o variables, incluyen motivos, armas o herramientas homicidas, personas involucradas, tiempo, etc.

Sin embargo, estos preconceptos, esos prejuicios en tanto el delito al cual se le llamó no son suficientes. Las personas, así como son de similares entre sí, también son bastante diferentes, y lo mismo es en tanto a sus acciones. De la misma manera, un delito puede tener en común muchas cosas con respecto a otros delitos, pero también es relativamente único en tanto posee características que le acentúan alguna especie de dificultad o particularidad, lo cual hace necesario que, aún sin tener la absoluta certeza científica de que el caso corresponde a una conclusión en específico pero teniendo ciertas nociones posiblemente ciertas respecto a la verdad del caso, de igual manera tenga que atravesar por un proceso de investigación científico.

No solo estamos hablando de delitos y escenas del crimen diferentes y aislados a lo largo de nuestra carrera profesional. También hablamos de que cada autor de un crimen es un individuo totalmente diferente a otro. Para describirlos, explicarlos, y hasta enjuiciarlos, es necesario poseer una información veraz y verdadero con respecto a los sucesos.

Por estas razones, y otras más, es que debemos superar esta etapa casi preliminar del proceso de investigación: la etapa del prejuicio, del preconcepto. La etapa de aquellas ideas que se asemejan a la experiencia pero que no se encuentra aterrizadas en la realidad actual en relación a los casos que se están abordando en el momento.

Esta superación, pues, comienza cuando este *aterrizaje* de las ideas preconcebidas antes del caso comienza por llegar al terreno de las evidencias y los datos que arrojan cada uno de los casos. Pudiéramos llamarlo, incluso, una *contextualización de los preconceptos*. Si queremos ponerlo más sencillo, también podemos hablar del *establecer relaciones coherentes entre las ideas previas y la realidad actual*.

Visto así, básicamente lo que hace nuestra mente es, con esta lista de ideas previas en relación el caso, irá descartando las ideas que no se adecúen apropiadamente a las evidencias. De esta manera, si tenemos un caso en el que se nos presenta inicialmente un hombre negro asesinado en una zona cuya población es mayoritariamente blanca, uno de los prejuicios/preconceptos/ideas previas que pudieran manifestar pudieran tener connotaciones cuestionables, como por ejemplo: "Fue asesinado porque intentó agredir a una persona y ésta se defendió". Sin embargo, mientras sistematizamos la información que nos arroja la investigación y seguimos indagando, logramos identificar un informe estadístico -investigación documental- en el que existe un alto índice de muertes de hombres negros en la misma zona, a lo que podemos inferir, con facilidad, que se trata más de un problema de discriminación racial que terminó en un asesinato, que una cuestión de inseguridad por delitos menores.

Como pueden ver, pasamos del prejuicio/preconcepto -que puede llegar a ser racista incluso- de que el hombre negro fue asesinado en defensa personal porque asumimos que era un criminal (cuya fundamentación sólo yace en nuestros contenidos mentales, nuestros prejuicios), a una reflexión, un establecimiento de relaciones lógicas de las evidencias, de los datos y de las informaciones y el asesinato cometido, que genera una idea o una explicación no definitiva con respecto a lo que realmente ocurrió, que nos abre las puertas y traza el camino de los siguientes pasos a seguir en nuestro proceso de investigación.

Al concluir inicialmente que es posible de que la persona negra haya sido asesinada por motivos de odio racial, entonces el siguiente paso lógico de la investigación sería corroborar esta hipótesis. ¿Cómo se corrobora? Depende mucho de la situación, depende mucho del caso. En este caso, como hablamos de que inicialmente esta hipótesis se obtuvo por unos datos estadísticos en relación a la cantidad de hombres negros asesinados en esta zona, resulta natural hacer una investigación documental más exhaustiva a ver si hay más archivos y documentos que permitan contextualizar y profundizar esta información, por medio de, por ejemplo, el establecimiento de correlaciones estadísticas que revelen algún tipo de conexión entre dos variables; la primera variable, hombres negros asesinados, con la segunda variable, días libres/vacacionales. La correlación estadística no es que arroje, precisamente, las razones por las cuales las variables actúan con afinidad de manera proporcionalmente directa o proporcionalmente inversa, más estas conclusiones son producto del ejercicio intelectual de los investigadores involucrados. Estas conclusiones serán consecuencia evolutiva, pues, de las hipótesis inicialmente planteadas.

7.1. Utilidad

Las hipótesis ayudan a guiar al investigador. Sin una hipótesis, es decir, una idea de cómo los hechos ocurrieron y quién pudo llevarlos a cabo, el investigador estaría buscando a ciegas un culpable, e incluso en muchos casos, un crimen. Por ejemplo: Ocurrió que desapareció una mercancía durante el fin de semana. Tras las investigaciones adecuadas se desarrolla una hipótesis: El gerente junto con el encargado no abrieron el negocio durante todo el fin de semana ya que se dedicaron a sacar la mercancía a escondidas. Con esta hipótesis en mente el investigador puede conseguir cierta información: buscar testigos que puedan corroborar, algún cliente ocasional que afirme que estuvo cerrada la tienda. Cámaras de seguridad, registros de compra y venta de esos días, etc. Sin la hipótesis el investigador tendría que buscar infinidad de culpables y se plantearía otra infinidad de formas en las que pudo ocurrir el robo. Esta tarea resulta inconmensurable, (casi) imposible, por la cantidad de esfuerzo, personas y recursos que necesitan ser desplegados para tratar de abarcar un abanico tan amplio de posibilidades relativamente infinitas, que terminará por apretar/sujetar poco o nada.

En este sentido, las hipótesis, mas que una especie de *abrecaminos*, también es un delimitador de la investigación, tanto en objeto de estudio como en los objetivos a seguir.

Las hipótesis pueden, por ejemplo, cambiar y evolucionar mientras las dudas respecto al delito y al caso se van aclarando, pero siguen siendo necesarias para dar con el punto y final de estas historias, o con las continuaciones.

. . .

Primero identificamos, por ejemplo, las evidencias. Intuimos que fue un asesinato por defensa personal. Pero luego, descubrimos que existe un alto indice de crímenes de odio racial en la misma zona. El preconcepto racista es sustituido por una hipótesis fundamentada que refuta el preconcepto en su totalidad. Se identifica luego, que la mayor tasa de asesinatos de este tipo se dan entre los períodos vacacionales de los más jóvenes de los institutos y las escuelas. De aquí, deriva otra hipótesis que sostiene que el sospechoso sea un adolescente o chico del instituto posiblemente, con claras creencias racistas y que es capaz de asesinar. Con esta hipótesis tenemos para desarrollar los temas de densidad demográfica, perfiles psicológicos, organizaciones estudiantes y/o de jóvenes a nivel formal e informal, etc. Así, logramos identificar que el adolescente es muy probablemente un estudiante del Instituto K, ya que las fechas vacacionales son las que más coinciden y asemejan con las fechas promedio de los asesinatos, además de que se rumorea de que existen organizaciones de jóvenes dentro de esta escuela que son abiertamente racistas. También, tenemos que el arma homicida utilizada no se consigue dentro de la región geopolítica del estado donde presuntamente reside el sospechoso, sino que es un instrumento muy particular que se consigue en otras regiones/estados del país. Bajo esta premisa, entonces se sostiene la hipótesis de que el sospechoso, en algún punto que no es el período vacacional, viaja a donde se puede conseguir estos objetos que sirvieron como arma homicida en algún punto en el tiempo. Bajo esta hipótesis, el campo de investigación -y de acción- se define todavía más, enfocandose exhaustivamente en aquellos estudiantes que hayan viajado a estas regiones específicas y que se encuentren en el estado donde ocurren los asesinatos racistas durante el período vacacional, además de pertenecer al Instituto K y pertenecer a organizaciones discriminadoras.

Con este largo ejemplo, podemos ver que las hipótesis, nuevamente, no solo es un *abrecaminos*, sino también define con mas precisión el objeto de estudio. Esta relación de estos componentes de *abrecaminos*-delimitador de objeto no son excluyentes el uno del otro. Pues, cuando abres caminos en el proceso de investigación puede qué amplíes, contrario a la delimitación, las cosas que tienen que ser investigadas. Sin embargo, al mismo tiempo, también estás descartando aquellas que no aportan nada al proceso de investigación y solo entorpecen los esfuerzos para resolver los problemas, por lo que, si no sabes exactamente *qué es* lo que vas a investigar, por lo menos sabrás lo que *no* debes investigar. Independientemente del cómo se vea, siempre se ejerce un proceso de discriminación y selección de información, datos y evidencias en relación a los casos, cosa que permite definir paulatinamente los aspectos verdaderamente importantes de estos para poder resolverlos. De esta manera, *ampliar* el caso también puede significar *delimitarlo o definirlo* más y mejor.

7.2. Uso

La hipótesis se formula a comienzos de la investigación, pero no demasiado pronto cuando la investigación está cruda como para tener forma coherente. Las hipótesis dentro de la investigación criminalística aparece en pleno momento de indagación, recolección de pruebas y obtención de testigos. Su uso varía según cada caso, pero su finalidad es la misma. Hay casos que requerirán una hipótesis que permitan establecer relaciones entre variables causales, otras que hagan lo mismo para variables casuales.

7.3. Hipótesis de investigación y Hipótesis explicativas

Las hipótesis explicativas son aquellas que manifiestan la causa, o la posible causa, de los hechos. Por ejemplo: hubo un robo dentro de la sala de fotocopiadoras, todas las resmas de papel desaparecieron. Estos son los hechos. Una hipótesis explicativa sería: "fueron robadas porque hay escasez de papel en otras oficinas". Este tipo de hipótesis también puede manifestar la explicación en cuanto a cómo ocurrieron los hechos y quién los cometió. Esta es la más común de las hipótesis dentro del campo de la investigación criminal, ya que en esta área se busca a un culpable por ser el causante directo de un delito o una situación.

8. Categorías de Investigación criminal y de seguridad

Cuando hablamos de categorías de investigación nos referimos estrictamente en el ámbito de la investigación de seguridad y la investigación criminal. Una vez aclarado esto, tenemos que en esta área de la investigación existen dos categorías mayores, que son:

- Investigación constructiva

La investigación constructiva refiere a aquellas investigaciones que "construyen" el hecho delictivo. Esta construcción de los hechos se refiere a un lugar en el tiempo en el que todavía se está llevando a cabo el delito, y por lo tanto el investigador construye cómo se está ejecutando dicho delito en tiempo real, o por el contrario, refiere a un delito que no ha ocurrido todavía pero se tienen las sospechas de este y el investigador trata de determinarlo.

Todas estas situaciones tienen implícito lo secreto que debe ser este proceso de investigación constructiva, ya que el delincuente no puede saber que alguien le está investigando y viéndolo delinquir.

De acuerdo con lo anterior, estamos frente a una situación que requiere de técnicas y métodos de observación, recolección de datos y evidencias, etc, que se adapten al continuo desenvolvimiento de las situaciones. Este desenvolvimiento es dinámico, es decir, son situaciones que están en constante movimiento y desarrollo y es difícil tener un control total sobre lo que sucede o estará por suceder. A no ser de que hablemos de un investigador experimentado que pudiera tener un menor nivel de incertidumbre frente a situaciones y/o acciones que estén por suceder, es requerido por parte de cualquier investigador que sea capaz de prever o, al menos, estar preparado ante cualquier cambio o desenlace de las acciones/situaciones a las cuales está haciendo seguimiento. Esto significa que si los métodos y técnicas que se tienen a disposición no son suficientes en X o Z situación, el investigador debe ser capaz de improvisar. Improvisar bajo una filosofía de la proactividad como hablamos anteriormente. El investigador debe tener la suficiente agilidad mental para poder adaptarse rápidamente a las situaciones en pleno desarrollo, con los recursos que tenga, para aprovechar las oportunidades que se presenten para poder recoger información valiosa. Entendemos que la cuestión del método puede resultar algo complicada cuando en realidad no lo es. En la mayoría de los casos, el método de investigación mas apropiado suele ser el registro, ya sea escrito, visual o sonoro. ¿Por qué el registro? Porque estamos recabando información "en vivo y en directo", por lo que debemos estar atento a todo lo que ocurre a nuestro alrededor para recabar toda la información que consideremos pertinente al caso de manera eficaz y eficiente.

A veces el proceso de racionalización, de reflexión de los datos, informaciones y evidencias, vienen "a posteriori": vienen "después" de haber finalizado la investigación constructiva, que es cuando estamos ya en terreno de la investigación reconstructiva. Sin embargo, se han dado situaciones en las que el investigador debe *pensar rápido* y tomar una decisión frente a una situación que se esté desarrollando cuyo desenlace no es el más conveniente, en tanto pueden estar pasando cosas que a simple vista no parece tener importancia, pero si el investigador logra reflexionar rápidamente, en el momento, sobre las informaciones que está recogiendo, sabrá que esos momentos en los que aparentemente no pasa nada, son vitales para poder profundizar en la observación del desarrollo del crimen. Estos momentos y acciones pueden ir desde cosas tan sutiles como la gestualidad de los sospechosos (por ejemplo, para descubrir algún tipo de lenguaje de señas o códigos) como el descubrimiento de patrones de comportamiento de la realidad en las situaciones. Independientemente de ello, frecuentemente es necesaria la sistematización de la observación/investigación mientras se lleva a cabo cualquiera de las dos categorías de investigación -y si nos permiten, se debe sistematizar en cualquiera de las dos categorías permanentemente- porque permite dibujar la gran imagen visual sobre el desenvolvimiento de la información recogida.

Como podemos ver, no resulta tan innovador y creativo, a veces, la creación de un método de investigación. Lo que sí puede resultar innovador, es cómo hacemos ese registro: escribir en una servilleta, papel higiénico, intervenir cámaras de seguridad, usar cámaras escondidas, micrófonos disfrazados de electrodomésticos, entre otras tantas posibilidades que la tecnología y la creatividad nos permita.

Quizá una forma de denominar a este tipo de investigación pudiera ser investigación a priori, "a priori" refiriéndose a "antes de" qué ocurran los hechos. Aunque también este tipo de investigación indaga sobre delitos que continúan ejecutándose o están por ejecutarse, por lo que categorías adicionales como investigación continua o investigación progresiva también serían apropiadas. Le dejamos al lector la libre elección de cuál término le parezca mejor.

¿Alguna consideración final respecto a este tipo de investigación?

A veces es necesario que dejar se efectúen los crímenes a fin de resolver el problema. Explicamos: en algún punto existirán investigaciones de casos que encuentran muy difícil poder averiguar cómo se está ejecutando un crimen, y a veces, es la única o última pieza del rompecabezas criminal para poder apresar al culpable, resolver casos, o incluso, salvar vidas.

- Investigación reconstructiva

La investigación reconstructiva refiere a aquellas investigaciones que ocurren después de haber ocurrido el incidente. En contraste con la investigación constructiva, la investigación reconstructiva es "a posteriori": *investigación posterior* al hecho delictivo. Esta es la que se puede considerar más conocida, dado que la anterior categoría requiere de un despliegue de esfuerzos permanentes por detectar crímenes en pleno desarrollo y mantener un régimen de vigilia y seguimiento para poder prevenir y/o resolver las situaciones que se den. En este caso, el delito ya está cometido y existen escenas del crimen y/o locaciones ya determinadas como el lugar de los hechos, el cual el investigador se encargaría de escudriñar la verdad.

En este tipo de investigación los métodos también son los más comúnmente conocidos, ya que existe una "brecha" en el tiempo que permite racionalizar el diseño de los métodos de investigación (metodología) y, por lo tanto, están pensados para situaciones previamente consideradas y son los que mejor se adaptan a las necesidades investigativas.

La metodología de investigación en estos dos tipos de investigación puede llegar a ser considerablemente diferentes y variantes entre sí, dependiendo del tipo de información que se quiera recoger. Al mismo tiempo, los métodos están determinados por el paradigma de investigación/científico al cual pertenece el investigador y la organización, paradigmas que desglosamos con más claridad en un apartado siguiente.

. . .

Por otro lado, la sistematización resulta fundamental para poder ordenar y esclarecer los sucesos, para poder obtener la "gran imagen" del caso y poder seguir el rastro de aquello que aún no hemos logrado descifrar, aún no hemos investigado, o aún no hemos reflexionado. Las sistematizaciones son características y necesarias en todo proceso de investigación, ya sean constructivas o reconstructivas, porque es lo que ayuda a darle validez al estudio. La sistematización permite verificar la solidez del método y de la información obtenida, y siempre se realiza luego de obtener una cantidad de información significativa que requiera orden. Esto es especialmente útil cuando existe una cantidad abrumadora de información. La sistematización permite ubicar gráfica y mentalmente todos los datos relevantes a la investigación, aquellos que aún no se le posiciona en la escena del crimen o aquellos que son aparentemente inservibles. La sistematización requiere de un instrumento que la soporte, tanto a la sistematización como a las toneladas de información probables que obtendremos. Por lo tanto, los instrumentos deben adaptarse de acuerdo a las necesidades de cada caso, de cada momento de la investigación, y para ello existen modelos.

En tanto a modelos, existen muchos a los cuales se pueden acceder en cualquier lado, pero estos siempre son sugerencias en tanto a cómo han de ser construidos, cuál es el criterio para hacerlo, sus categorías y su orientación. Se es recomendable, en general, que los investigadores sean capaces de ejercer un buen criterio para la creación de instrumentos de sistematización, de evaluación, de observación, entre otros. Esta es una competencia fundamental por la misma razón de la sistematización: ayudará a resolver el caso por medio de la organización y ubicación de la información. Por ejemplo:

DIAGRAMA 4

EVIDENCIA	SUJETO	UBICACIÓN SITUACIÓN	POSIBLE RELACIÓN
Restos de tela enredados en alambres.	Sospechoso A.	Cerco ubicado en lasalida trasera del hotel.	El sospechoso A huyó por la parte trasera del hotel escalando y superando el cerco.
Instrumentos de cocina.	Sospechoso B.	Sala de estar de la habitación de hotel.	¿?
Pastillas usadas para adormecer a la víctima.	Sospechoso C.	Debajo de la cama de la habitación de los niños.	1. Robaron sus pastillas para inutilizar a la víctima. 2. Se las dió al asesino.

DIAGRAMA 4

Podemos ver en este instrumento qué trata de organizar la información en tanto a: Evidencia, Sujeto, Ubicación/Situación , Posible relación. Cualquiera que lea esas categorías puede entender claramente a lo que nos referimos con Evidencia, Sujeto, y Ubicación. Pero, ¿a qué nos referimos cuando hablamos de situación y posible relación? Pudiera ser evidente, pero también puede generar dudas respecto a qué significan, y la investigación está precisamente para reducir los niveles de incertidumbre respecto al caso. Por lo tanto, nuestras propias herramientas de trabajo deben ser lo más claras, precisas e inequívocas posible.

En efecto, es necesario definir las categorías de sistematización para que el equipo de investigación no tenga ningún tipo de dudas respecto a la información que se está haciendo referencia en el cuadro. Continuemos con el ejemplo anterior y definamos las categorías que mostramos ahí:

- Evidencia: objeto material que guarden relación con el hecho delictivo
- Sujeto: todas aquellas personas que tengan relación, directa o directa, con el caso o víctima. Sean testigos, allegados de la víctima, de los sospechosos.
- Ubicación/Situación: espacio físico o circunstancias particulares que posicionan al sujeto en la escena del crimen, siendo circunstancias particulares aquellas en las que traten de justificar la relación que hay entre el descubrimiento de la evidencia en el lugar y el sujeto.
- Posible relación: conclusiones finales tentativas respecto al papel del sujeto en el caso

La definición de categorías permite entender mejor la información que está plasmada en el instrumento y da a entender, en ocasiones, que la información que ya está ahí no es limitativa. Por ejemplo, en la categoría "Sujeto", cualquiera que vería esa tabla pensaría que únicamente pueden haber sospechosos ahí. Sin embargo, con la definición que estamos dando, se da a entender que no sólo puede haber sospechosos, si no a cualquiera que pueda tener relación con el caso o la víctima, sean sospechoso o no: es decir, testigos y sus respectivas declaraciones, personas entrevistadas, entre otros. Esta categoría no es limitativa, ni excluyente. Por otro lado, sí definimos "Sujeto" como "sospechosos directos involucrados con el caso", dejamos por fuera a los testigos y entrevistados, cosa que cualquiera que consulte con el instrumento, sabrá que solo se hablan de sujetos. Esto es especialmente importante si se está inserto en equipos de investigación donde más de una persona estará encargada de rellenar instrumentos similares de uso compartido o, por el contrario, otras personas o equipos participarán de alguna manera en la investigación y necesitan hacer uso del instrumento.

Pero ahora, ¿es esa información plasmada en el instrumento suficiente? ¿Cómo ampliamos la información? Habrán casos en que se necesiten abrir el abanico de posibilidades de información, a veces necesitamos saber más y mejor, con más precisión, para llegar a las respuestas que estamos buscando. Haremos una modificación del instrumento que colocamos anteriormente, agregando categorías información que consideramos necesaria saber para poder ampliar la visión del caso.

DIAGRAMA 5

TIEMPO	EVIDENCIA	SUJETO	UBICACIÓN SITUACIÓN	RELACIÓN CON LA VÍCTIMA	MOTIVO	POSIBLE RELACIÓN CON EL HECHO	OBSERVA-CIONES
	Restos de tela enredados en alambres	Sospechoso A	Cerco ubicado en la salida trasera del hotel			El sospechoso A huyó por la parte trasera del hotel escalando y superando el cerco	
	Instrumentos de cocina	Sospechoso B.	Sala de estar de la habitación				
	Pastillas usadas para adormecer a la víctima	Sospechoso C	Debajo de la cama de la habitación de los niños			• Robaron sus pastillas para inutilizar a la víctima • Se las dió al asesino	

DIAGRAMA 5

Cómo podemos evidenciar, al ampliar las categorías del instrumento hay más cantidad de "huecos" de información que rellenar. Por lo tanto, ampliamos la información porque necesitamos saber no solo la ubicación/situación del sujeto anclado por la evidencia, si no también cuándo (tiempo) y por qué (relación con la víctima, motivo) puede ser el culpable Además, se añade una categoría de "Observaciones" para poder ampliar información que puedan contextualizar, definir y pulir mejor las razones del por qué el sospechoso es culpable.

No nos cansaremos de hacer énfasis en que estos modelos de instrumentos son solo eso, modelos. No son limitativos, ni restrictivos. Son solo una guía para que el lector pueda visualizar las posibilidades del instrumento como herramienta para la sistematización de la información. Por lo tanto, el instrumento se puede adaptar fácilmente a cualquier otro ámbito de la investigación, así como a cualquier otra información que queramos saber. El instrumento pudiera estar adaptado, por ejemplo, para sistematizar las razones por las cuales la gente guardara cariño, indiferencia u odio por la víctima, con unas categorías previamente definidas como "Historia pasada", "Problemas sentimentales", "Estabilidad emocional", "Relación con la víctima", "Motivos", y un largo etcétera. En este caso estamos hablando de un instrumento que pretende sistematizar información referente al campo de la psicología humana, por lo que tener a un experto en el comportamiento sería de gran ayuda para elaborar un instrumento. Además, podemos ver que las categorías "Relación con la víctima" y "Motivos" se repiten. Si bien los instrumentos pretenden ayudar a revelar información para resolver el caso, cada uno tiene orientaciones distintas. El primero qué mostramos se enfoca en una visión general para tratar de posicionar a personas en una escena; el segundo, que recién mencionamos, busca identificar posibles sospechosos. Sospechosos, ni siquiera culpables, como ya pudiera pretender el instrumento elaborado más arriba. Aunque también pudiera servir para identificar cuáles tienen mayores probabilidades de ser los culpables del caso.

La versatilidad y utilidad que otorgan los instrumentos son muy apreciadas por los investigadores, ya que siempre estamos inundados de información y necesitamos poner los pies en la tierra y los ojos en el cielo para poder tener una visión total e integral de lo que está sucediendo.

Los instrumentos, ya sean de observación, evaluación, u otros, son herramientas que pueden ser construidas de acuerdo a nuestras necesidades. Ademas, no tienen por qué ser tan rudimentarias como un cuadro manual como el que mostramos. Existe software que permite automatizar ese relleno de información, o incluso, la creación de los instrumentos, para hacer nuestros trabajos más eficientes. Sin embargo, la eficacia de cada una de estas herramientas de trabajo no dependerá únicamente de la tecnología que se use, ya sea rudimentaria o la más actualizada: la principal y mayor característica que determinará la eficacia y eficiencia de nuestro instrumento será nuestra facultad de criterio y nuestra habilidad de observación: la primera, formada por el estudio, la formación profesional permanente y la adquisición de buenas experiencias, que permitirán decidir y establecer las categorías pertinentes y necesarias que darán las respuestas acertadas, así como una definición apropiada para delimitarlas; la segunda, una competencia fundamental para ser capaz, siquiera, de recabar información.

4
INVESTIGACIÓN EN EL SECTOR PÚBLICO Y PRIVADO

Las empresas del sector público y del sector privado tienen diferencias bien marcadas en diversas áreas, desde el perfil profesional de sus empleados, la misión y visión, hasta el salario. Por supuesto todos estos factores influyen a la hora de realizar una investigación por crimen dentro de estas empresas. El investigador debe moverse de formas distintas tanto en una empresa privada como en una pública. Para saber cómo hacer esto debe conocer más allá del crimen, debe saber cómo funciona la empresa tanto a nivel interno y sus particularidades, como a nivel externo en las cuestiones comunes y genéricas que aquí se proporciona.

1. Investigador público

La forma de manejar la investigación y dirigir el caso en cuanto al investigador público, dependerá mucho del país e incluso del estado donde se encuentre. Existen muchos protocolos, reglas y medidas que cada ente gubernamental maneja de diversas maneras. Por ejemplo, en Estados Unidos la policía local no lleva la investigación de la misma forma y con la misma rigurosidad y apoyo que el FBI.

. . .

El FBI tiene mas alcance presupuestario, tienen más apoyo judicial y policial. Por lo general se considera que están mejor preparados para casos complejos que la mayoría de departamentos locales de policías. Cuando llegan investigadores del FBI suele ser porque la policía local no puede manejar un caso en particular, como podría ser un homicidio, un robo o un secuestro a gran escala.

El sector público maneja las leyes, la formalidad y los procesos del Estado, a diferencia del sector privado que puede llevar la investigación hacia otros fines netamente informativos. Un investigador público no puede indagar un caso de robo a empresas, encontrar al criminal y sólo informar al dueño, el investigador público debe llevar a cabo por obligación un proceso legal. El investigador privado no tiene esa responsabilidad moral o laboral sobre sí, por lo que las investigaciones se pueden llevar de bajo perfil.

2. Investigador privado

El investigador privado también debe regirse por ciertos parámetros, que si bien no son tan estrictos o específicos como los del sector público, existen y es importante como profesional tenerlos presentes. En España ea esto se le llamó Ley y Reglamento de Seguridad privada, aquí se habla de todos los entes privados se seguridad, desde empresas con guardias para tiendas o edificios hasta los investigadores privados, que son de los que hablamos en este libro.

El investigador privado, además de seguir la Ley que es cada país se les aplique como sector privado, deben además seguir unos lineamientos de su contratista o jefe. Cada empresa o persona natural tiene su forma de llevar a cabo las investigaciones, su visión de cómo se debe manejar y sus objetivos, el investigador tiene la oportunidad de emitir opiniones profesionales, más sin embargo la última palabra la tiene el cliente.

Hablando un poco más de la parte legal del investigador en el sector privado, y continuando con los ejemplos de España, referiremos a la primera legislación sobre el detective privado que se remonta a 1981. Aquí se escenificaban los requisitos y funciones, esto mas adelante, en 1992, se actualizó.

La Ley de seguridad privada de 1992, en su artículo N° 19 delimita las funciones de los detectives privados, un par de estas son:

- Obtener y aportar información y pruebas sobre conductas o hechos que afecten al ámbito económico, mercantil, financiero y laboral, exceptuando la que se desarrolle en domicilios o lugares reservados.
- Se le permite la investigación de delitos perseguibles sólo por encargo de los legitimados en el proceso penal.

Los detectives privados, con el fin de tener algún respaldo legal que los reconozca como investigadores del ámbito penal, deben tener una licencia que los certifique, dicha licencia es emitida, en la mayoría de los casos, por el Ministerio Interior. Con esta licencia cualquier prueba presentada por el investigador tiene un amparo legal y jurídico.

Un investigador privado debe tener siempre claro los límites entre la intimidad del cliente y la responsabilidad legal que se tiene como profesional. Borrar estos límites puede llevar a cometer errores catastróficos: dejar a un criminal que ponga en riesgo a la seguridad social, o informar a las autoridades sobre un conflicto privado del cliente que no tiene repercusiones legales importantes. En el primer caso dejas en peligro a la comunidad y en el segundo expones la privacidad de tus clientes sometiéndolos al escarmiento público.

En cuanto a la violación de la intimidad dentro y durante la investigación, también es importante tenerla clara. si bien la intimidad forma parte de la privacidad de las personas, no es toda ella. Si una empresa necesita saber si sus empleados están robando del seguro de salud, el investigador puede conseguir pruebas y fotografías de ellos contactando a médicos para falsificación de diagnósticos, esto si bien interviene en la privacidad de las personas, no se inmiscuye en la intimidad. En cambio, si un investigador entra a la casa de los empleados, busca entre los archivos para encontrar los documentos, todo esto sin autorización de la persona o una orden de registro, aquí si se está violando la intimidad y los derechos de la persona y es penado por la ley.

3. Diferencias entre ambos sectores

Charles L, Yeschke que en su libro "The art of investigative interviewing" Nos trae una simple y concisa diferencia entre ambos sectores, está sin duda engloba en un pequeño concepto lo más importante:

> "La diferencia fundamental entre investigaciones publicas y privadas es el objetivo de las mismas. En el sector publico sirven para servir los intereses públicos de la sociedad. En el sector privado es para servir los intereses de la organización, la compañía, o el cliente que emplea al investigador. "

3.1. Seguridad laboral

En el sector público, los investigadores se encuentran, normalmente, adjudicados a un sistema de servicio civil, por esto se ha de suponer que tomarán los recursos y técnicas que el Estado proporcione en cuanto a la gestión de recursos humanos. Esto claramente tiene una línea ideológica y un proceso bien marcado y con pautas específicas.

En el sector privado, los investigadores no pertenecen a entidades del Estado ni se rigen por sus conceptos, técnicas o gestiones. Normalmente los investigadores de las empresas privadas se adjuntan más hacia las políticas de seguridad laboral la propia empresa y a las de la organización de las políticas de recursos humanos. Esta organización de recursos humanos, consta de reglas y normas que ayuden a la empresa a guiar a sus empleados o colaboradores a una correcta forma de trabajo y actuación según sean los intereses del negocio. Estas normas deben ser consideradas y analizadas a la hora del estudio de un crimen dentro del trabajo, ya que estas proporcionan las directrices y el perfil idóneo del empleado o colaborador.

3.2. Áreas de trabajo

Los investigadores dentro del sector público suelen tener una tendencia a la especialización dentro del ámbito de trabajo, son especialistas en robo, en estafa o en desapariciones, según cada empresa lo requiera.

Por otro lado, los investigadores dentro del sector privado, tienden a estar dentro de un espectro más genérico, no especializado. Si bien pueden existir especializaciones, no son impedimento para trabajar dentro de otras áreas, son mucho más versátiles y globales. Además que suelen adaptarse mejor a los intereses de la empresa. Sus áreas de trabajo pueden ir desde un simple robo, pasando por falsificaciones y llegar hasta él acoso o abuso sexual dentro del ámbito de trabajo.

3.3. Responsabilidad civil

Los investigadores públicos, con respecto a la responsabilidad civil, normalmente son libres de llevar a cabo acciones civiles, es decir, implicar el enjuiciamiento más allá del deseo de la empresa. Si el investigador considera necesaria esta medida de seguridad, está en su derecho de llevarlo a cabo. En estas ocasiones, los investigadores deben tener en cuenta que las acciones civiles deben tener un buen respaldo y ser una circunstancia de gravedad.

Por parte de los investigadores privados es al revés, estos son los que suelen estar expuestos a estas acciones civiles, ya que al estar en paso de una investigación, donde obtendrá pruebas y documentación con la cual se interrogará a empleados, expone fácilmente a la empresa y puede ocasionar demandas por mala praxis laboral, extorsión e incluso acoso por parte de los empleados.

3.4. Formación y educación

Cuando los investigadores públicos son contratados, suelen continuar asistiendo a cursos, diplomados y especializaciones que son financiados con fondos públicos. Usualmente estos estudios extra son de alto rendimiento y actualizados, la calidad dependerá claro del país.

Por otro lado los investigadores privados, si bien pueden venir de la misma formación superior que los públicos, no suelen tener el tipo de beneficios de actualización laboral gratuita que los públicos. Sin embargo siguen teniendo la posibilidad de acceder a otros cursos de forma paga. En sentido depende más de las posibilidades de cada investigador él continuar con su educación durante el trabajo, para los públicos en un hecho a veces obligatorio.

3.5. Recursos técnicos

Los investigadores del sector público tienen grandes ventajas, una de estas es referente a los recursos técnicos. Estos investigadores tienen a su disposición diversos recursos como análisis de documentación, laboratorios forenses, especialistas en informática, en huellas digitales y mas. Por ser, de cierta forma, trabajadores del Estado, tienen potestad de solicitar diversos tipos de ayuda a entidades públicas, esto abarata mucho los costos y ayuda a la fluidez a la investigación.

Por el lado del investigador privado, no tiene acceso o tiene un acceso extremadamente limitado a todos los recursos del sector público o entes del Estado. El investigador privado deberá buscar este tipo de recursos por otros lados, y por ende, deberá sumar el costo de todos estos servicios que le serán facilitados casi siempre por medio de empresas privadas cuyos costos son bastante elevados.

5
RECOLECCIÓN Y TIPOS DE EVIDENCIA

1. Definición de evidencia

Hay gran cantidad de definiciones para la palabra evidencia, en cada campo de trabajo y según su contexto la palabra puede variar un poco o mucho. Aquí nos concentramos en la definición que nos concierne como investigadores criminales. La evidencia es todo aquello físico, documental, circunstancial o declarativo (véase como entrevistas o interrogatorios) que demuestre algún hecho concreto y que ayude a corroborar lo que en realidad ocurrió.

En cuanto a la evidencia o prueba circunstancial hay que aclarar unas cosas, este tipo de evidencia puede llegar a ser muy significativa siempre y cuando el acusado no presente un argumento que la refute. Este tipo de evidencia, como su nombre mismo lo dice, es proveniente de circunstancia, es decir, el investigador no tiene un caso muy sólido sobre l que en realidad ocurrió, cómo o por qué. Este tipo de casos son construidos con poca información y ningún tipo de evidencia concreta como alguna grabación, declaración o confesión. Por ejemplo:

Dentro de una empresa ocurrió un hurto de resmas de papel. Los encargados de resguardarlas no estuvieron durante el robo y se sospecha de ellos ya que abandonaron misteriosamente su lugar de trabajo. Los investigadores encuentran dentro de la salas de las resmas de papel, una gorra tirada en el suelo y el carnet de seguridad de uno de los empleados encargados de esa sala. El investigador construye un caso basándose en esa evidencia que no se puede comprobar a ciencia cierta nada. Él asume que ambos trabajadores se pusieron de acuerdo, y sacaron con sus propias manos las resmas de papel, que eran tan pesadas que dejaron caer estos objetos personales. No puede ser uno solo de ellos, ya que el otro debía haber estado allí o al menos cerca y debió detectar el movimiento de las resmas, por esto se asume que hay un complot. Todo esto es circunstancial, ya que no hay ningún testigo, los empleados no han admitido el crimen y no existen pruebas físicas concretas ni grabaciones. Es también un caso fácil de refutar, ya que si ambos empleados dicen que fueron llamados por un supervisor o que fueron a comprar comida, todo el caso se viene abajo. Tenemos a Charles L Yeschke que en su libro "The art of investigative interviewing" son dice sobre la evidencia que:

"Evidencia real o física es algo que puedes fotografiar , poner en un diagrama, en tus manos, recoger y guardar. Consiste de ítems que son tangibles como una bala, una huella de rueda, una llave, un teléfono, una huella digital. Este tipo de evidencia se encuentra en una escena del crimen y se relaciona con la forma en que el crimen fue cometido y quien es culpable. No se base en recuerdos del entrevistado, a no ser que la evidencia sea encontrada por que el entrevistado vio donde el tirador dejo el arma del crimen o dónde el ladrón del banco toco sin guantes. Esta evidencia es frágil y volátil. Requiere que un experto la recoja y se establezca una cadena de custodia, es muy útil en la corte."

La evidencia es una de las cosas, sino es que la mas importante, dentro de una investigación, sino se tiene ningún tipo de evidencia sobre el caso, no existe caso que formular. Por esto es tan importante la recolección y la protección de todo tipo de evidencia dentro del caso.

2. Evidencia demostrativa

Este tipo de evidencia hace referencia a la encontrada en la escena del crimen. Si la escena del crimen que hablamos es la sala es una oficina donde se han robado varios documento importantes, entonces las fotografías que se tomen al momento de entrar, fotografiar detalles así no parezcan relevantes, gaveteros abiertos, sillas movidas, objetos revueltos. Este tipo de evidencia ayuda a mostrar el estado de la escena de crimen, estas fotos ayudan mucho a deducir qué pudo haber ocurrido. Por esto es importante que la escena del crimen no sea contaminada por visitantes o terceros.

3. Evidencia física

Para una buena recolección de evidencia física, hay que tener en cuenta muchas cosas, el investigador y sus ayudantes deben estar al pendiente de cualquier detalle y tener extremo cuidado con cada objeto que sea tocado o removido. Algunas cosas a tomar en cuenta son: Todo lo relacionado y lo tal vez relacionado debe ser estudiado, las pruebas deben estar identificadas, al momento de remover la evidencia es importante empacarla de forma adecuada y con guantes para asegurarse de no remover huellas dactilares o algún otro tipo de prueba de identidad.

3.1. Recolección de pruebas

Cuando se llega a la escena de un crimen, sea un robo o un asesinato, es importante prestar la debida atención a cada posible prueba que exista dentro del área. Es de suma importancia este primer acercamiento y la recolección de pruebas para la resolución de los casos. La escena del crimen nos cuenta por sí sola lo que ocurrió y solo resta resolverlo, pero no se puede resolver si la recolección de evidencia es deficiente.

La evidencia recolectada en este punto normalmente se presentará frente a una corte, es importante tener evidencia de la escena frente a la corte, ya que determina la fiabilidad de lo que se muestra, no es lo mismo mostrar una hoja de papel encontrada en la escena con una huella dactilar del sospechoso, que decir que el sospechoso fue visto salir de la empresa por un testigo.

3.2. Clasificar las pruebas

Este paso deberá idóneamente ocurrir durante la recolección de evidencia en la escena. Las pruebas deben identificarse según sea la costumbre del investigador o la empresa, con un número o un nombre en particular. también es importante que a la hora de clasificarla se sepa de dónde se sacó cada objeto, algunos colocan una fotografía de donde fue encontrado el objeto junto a este, otros lo describen en un sobre que está junto a la prueba. Estos detalles depende de cada investigador o empresa. Lo que no se puede dejar de lado es una correcta descripción del objeto que se está removiendo.

No puede ocurrir que se retire un pisapapeles de una escena del crimen, y luego cuando se comience a hacer el inventario no se sepa en qué lugar fue encontrado el objeto. Ya que pudo estar sobre el escritorio en el lugar donde siempre estaba, o pudo ser encontrado tirado en el suelo, lo que supondría que algo más ocurrió con ese pisapapeles, como ser usado para agredir o en defensa propia.

Es de suma importancia tener presente que a la hora de marcar o clasifica la evidencia no se puede alterar el objeto en ningún sentido, no se puede escribir directamente sobre el o pegar algún pegatina. Lo más correcto y común es identificar el paquete donde el objeto será envuelto y no el objeto en sí. En algunos casos también utilizan una cinta que tiene una tarjeta de identificación, la cinta de envuelve al objeto y luego este se guarda, ya que la cinta no afecta al objeto ni lo altera.

3.3. Guardado de pruebas

Al momento de guardar la pruebas se debe tener sumo cuidado de no borrar las evidencias en ellas, como huellas dactilares o rastros de cabello o sangre. El empaquetado dependerá del tipo de prueba que se está resguardando, si es algo frágil debe guardarse en empaquetados más firmes como cartón o anime, si son papeles, cabello o algún objeto similar en una bolsa plástica con un buen cierre estará seguro.

3.4. Evidencias

Para el debido seguimiento y resguardo de las evidencias es importante tener una "cadena de evidencias" que debe tener el registro de las personas o la persona que recogió, envolvió y transportó las pruebas de la escena. Estos documentos deben ser cortos y precisos, con nombre fecha y hora de cada movimiento y el estado de la evidencia. De esta forma se previene cualquier extravío o daño, y en tal caso que ocurra se conoce al responsable y se tiene un seguimiento de cuándo ocurrió el daño.

3.5. Lectura de evidencia física

La evidencia física presente en la escena es de suma importancia ya que nos revelará lo que ocurrió realmente si se logra leer de manera correcta. Este paso es muy delicado, ya que el investigador debe tener la mente abierta a todas las posibilidades sin enfrascarse en ninguna hasta no tener seguridad de ella.

Si dentro de una escena el crimen se pasa algo por alto, o se toma demasiada atención a un detalle que realmente no significa nada, la investigación se volverá cada vez más compleja y tortuosa. Por eso es importante que el investigador mantenga una actitud neutral durante el comienzo del caso y pueda concentrarse en todas las posibilidades por igual.

Si en una escena del crimen nos encontramos con marcas en las paredes, rasguños o golpes, es momento de comenzar a recrear lo que pudo haber ocurrido, es necesario estudiar la escena, de qué dirección vienen los golpes, los rasguños hacia dónde se dirigen, ¿al teléfono? ¿a la puerta? ¿la persona que rasguña la pared fue atacada y trataba de huir? todas estas preguntas son necesarias, y en la mayoría de los casos de puede responder en la misma escena con una buena observación y análisis

Si tenemos un caso en el que la escena no ha sido alterada, o ha sido mínimamente alterada, la lectura de los detalles más insignificantes pueden conducir a la verdad. Si el dueño de la oficina robada es un hombre con ciertas manías, dejar los bolígrafos colocados de tal lado y en tal orden, o mantener las gavetas abiertas, el closet de alguna forma particular, todo esto debe ser revisado y es posible que se encuentre alguna anomalía. Que falte algo tan simple como un bolígrafo puede conducir la investigación.

Supongamos que hubo un robo de dinero en efectivo que estaba bajo candado y este fue forzada con un objeto no identificado, luego durante la observación se descubre que falta uno de los bolígrafos del dueño de la oficina, es de suponer que entonces el ladrón no tenía claro bajo qué parámetros estaba guardado el dinero, ya que si fuese sabido que estaba bajo candado, fuese llevado algún instrumento para abrirlo y no fuese tomado lo primero que vio. Aquí ya tendríamos una pista, el ladrón no sabía dónde estaba el dinero y cómo había sido guardado. Y todo esto por la observación minuciosa del investigador.

3.6. Huellas dactilares

Las huellas dactilares son muy incriminatorias y bastante útiles a la hora de una investigación. Si las huellas dactilares de un sospechoso son encontradas en el arma homicida o en la escena del robo, hay muchísimas posibilidades de que sea efectivamente el culpable y se logre resolver el caso. Por esto es tan importante lograr conseguirlas en la escena.

Hay diferentes tipo de huellas dactilar, o más bien diferentes formas en las que estas están impresas en la escena del crimen. Está la impresión visible, por ejemplo si en la escena hay sangre y hay una marca de sangre con la forma de una mano allí tenemos una impresión de huellas dactilares totalmente obvia. Y está la impresión latente que son esas las más comunes, que no están a simple vista pero que existen, este tipo de impresión de huella dactilar está en todo lo que el ladrón o asesino ha tocado, normalmente estas se detectan con químicos especiales que es importante llevar a la inspección de la escena.

3.7. Balística

La balística es la ciencia que estudia las armas de fuego, pistolas, escopetas, revolver, etc. La balística se divide en tres partes o fases: la balística interna es lo que ocurre dentro del arma al momento de disparar el proyectil; la balística externa se encarga del proyectil desde el momento en el que abandona el arma hasta su impacto; por último, la balística de efectos que estudia los efectos producidos por el proyectil en el organismo.

En 1890, Paul Jeserich, un médico de Berlín descubrió que los proyectiles de bala, al salir por el cuerpo del arma dejan unos patrones de marcas particulares que sólo puede dejar un arma, es decir, dos armas no podrían dejar el mismo patrón en diversos proyectiles. Es así como este médico logró encontrar a un asesino haciendo análisis de proyectiles y comparando las marcas con el arma del sospechoso.

El cartucho o municiones son lo que se conoce comúnmente como balas, y está compuesto por una vainilla, el fulminante, la pólvora y el proyectil. Estas municiones se clasifican según diversos factores:

DIAGRAMA 6

ALCANCE	Largo, medio y corto alcance.
COMPOSICIÓN	plomo desnudo, blindadas, enchaquetadas, encamisadas, ranuradas, punta hueca.
CALIBRE	uso privativo, uso civil.
USO	Guerra, defensa personal, deportiva, cacería.
FORMA DE PROYECTIL	Ojiva, puntiaguda, recortada, punta roma.
DESTINACIÓN	Rifle, revolver, pistola, etc.

DIAGRAMA 6

El proyectil es la parte a causar los daños y va ajustado a la vainilla. Sé fabrica según marcas, formas y capacidad de daño. Para identificar un proyectil se revisan las marcas de las estrías y macizos que queda en ellas tras salir del arma, por este proceso de determina qué tipo de arma y cuál en específico pudo ser. Sin embargo, es más fácil realizar este proceso de investigación con la vainilla, ya que ella tiene impresa esta información de forma más precisa.

La balística en el campo de investigación es muy útil para conocer el tipo de arma y el origen de esta. Al igual que cualquier otra evidencia, las armas de fuego deben ser recogidas con guantes, guardadas e identificadas correctamente. En el proceso se realizan estudios de descripción, identificación y análisis de los elementos encontrados: el arma, los proyectiles, la vainilla, etc.

Durante la inspección escena del crimen, si existen señales de disparos, o hay una víctima con herida de bala, es importante observar bien si existen residuos en la ropa, la piel o algún lugar cercano al impacto. Estos residuos pueden provenir de la pólvora, el proyectil u otro componente.

En la autopsia se define el daño y la trayectoria de la munición en el cuerpo humano. Este análisis forense también puede darnos signos sobre la distancia y el tiempo en el cual la bala impactó el cuerpo.

3.8. Química forense

Esta puede determinar casos de envenenamiento o alguna otra sustancia que pudiese estar presente en la escena, incluso se pueden detectar limpiadores tanto fuertes como de uso común. Si hubo un asesinato y se quiere revisar una habitación de la cual se sospecha estuvo la víctima, con un estudio químico forense se puede determinar si se limpió la sangre, donde hubo y hace cuánto estuvo allí.

4. Evidencia documental

4.1. Anónimos

Los mensajes anónimos normalmente ocurren dentro del sector público, rara vez se verá en el sector privado que un testigo o involucrado escriba de forma anónima. Los mensajes anónimos actualmente suelen venir de forma impresa y escritos a computadora. También pueden venir de un número bloqueado o un correo electrónico bloqueado. En las películas los mensajes anónimos suelen ser representados con una hoja de papel y recortes de letras, y usualmente estos dicen una verdad absoluta sobre el caso. En la vida real no es así, muchos mensajes anónimos son solo personas queriendo jugar una broma o resentidos tratando de culpar a alguien. No es bueno tomarse en serio todos los mensajes anónimos que llegue, sobretodo los que suenan más descabellados, pero es bueno indagar sobre alguno que pueda ser real, es aquí cuando el investigador debe dejarse guiar por su instinto.

Muchas veces estos mensajes anónimos, sobretodo actualmente, son fáciles de rastrear y conseguir al remitente. Una vez se conozca el origen del mensaje se puede tener una idea de la confiabilidad del mismo. No es igual que llegue un mensaje anónimo de un adolescente que acusa a su amigo de robar un banco a una empleada del banco que envía un mensaje diciendo que sospecha de uno de sus compañeros de trabajo. Como se verá claramente el primer caso tiene todo el aspecto de ser una broma pesada, el segundo muestra un caso más contundente.

4.1.1. El material y su examinación

Para manejar todo tipo de documentación, incluyendo las cartas de anónimos, es crucial hacer una examinación correcta. El código postal, la letra, el tipo de papel y las posibles huellas o evidencia física que pueda contener el papel. Estos detalles en ocasiones ayudan a identificar a la persona que envió el documento. Un especialista en tipos de letra puede revelar aspectos de la persona. La búsqueda de huellas dactilares, algún tipo de fluido como lágrimas, mocos, sangre o semen también se pueden encontrar en escritos. Si el documento está en un sobre se puede rastrear el código postal del remitente. Hay diversas formas de examinar un documento y cada una de ellas depende del tipo de documento y el caso que se esté investigando.

4.1.2. Análisis

Las cartas anónimas, como ya se mencionó, suelen ser en su mayoría bromas pesadas. Pero de no ser así el caso, es importante tener una interpretación clara del contenido de la carta. Muchas veces la gente escribe confuso, sobretodo en estos casos, es trabajo del investigador reinterpretar el contenido y organizar las ideas que esa persona trató de plasmar en papel. Hay que hacerse varias preguntas a la hora de analizar un carta anónima. ¿Cuál es la intención obvia de la carta? ¿cuál puede ser la intención intrínseca? ¿qué quiere decir esta persona con cada oración principal o sentencia?

4.2. Documentos alterados

Casi cualquier documento puede ser falsificado. Desde cheques hasta pasajes de avión. Cualquier documento encontrado como evidencia debe pasar por una serie de análisis con expertos en el tema de falsificación. Por ejemplo, si un empleado robó algo de valor de la empresa, y quiere inculpar a otro, puede crear documentos y cartas falsas que señalan a otro empleado, cheques, mensajes, tickets de pasajes etc.

Hay diversos procedimientos para verificar la autenticidad de documentos, hay controles que incluyen el control de calidad durante la impresión, un pasaje de autobús puede verse auténtico pero la calidad de la tinta y el papel puede n ser la misma que la original y esto ya ocasiona una sospecha de falsificación.

Un documento falsificado no siempre es uno hecho desde cero, también se pueden cambiar pequeños detalles dentro de un documento auténtico, como nombres o fechas generalmente.

4.2.1. Firmas

Un caso muy común de falsificación son las firmas, tanto para contratos, ventas ficticias o ilegales como para cheques y asuntos bancarios. Normalmente se puede descubrir la falsificación de la firma, considerando que es muy parecida a simple vista, con un experto en escritura o caligrafía, como ya mencionamos en un punto anterior estos se encargan de estudiar la caligrafía de las personas y determinar ciertos aspectos de ellos a través de su letra, por supuesto también pueden determinar cuando una letra no le pertenece a cierta persona y es aquí donde ellos juegan un papel crucial.

5. Declaraciones y confesiones

La diferencia que hay entre declaración y confesión es simple. Una confesión es aquella donde el criminal admite haber realizado o colaborado con el crimen, la confesión es hecha únicamente por los culpables, no por terceros. A diferencia de la declaración, que la realizan los testigos del hecho o personas que rodean las circunstancias que se investigan, son el relato de los hechos desde el punto de vista de un tercero e incluso la misma víctima. Las declaraciones suelen ser el resultado de las entrevistas o interrogatorios.

Normalmente las declaraciones que se toman en una investigación criminal son habladas, en una conversación con el investigador y en ocasiones estas declaraciones son grabadas, sin embargo a pesar de que la declaración sea filmada, es de preferencia que se consiga una escrita y firmada por el testigo, ya que una grabación como prueba si bien es fiable, se puede refutar, el testigo puede alegar que lo que dijo fue bajo presión de los investigadores y la declaración queda anulada.

5.1. Declaración escrita

Tener una declaración escrita y firmada por el testigo ayuda a darle más firmeza y poder a la declaración. El testigo se compromete a que lo que cuenta en veraz y no puede arrepentirse o contradecirlo. Al ponerlo sobre papel la declaración cobra forma y dejan de ser simples comentarios o chismes realizas al azar o por descuido. Al testigo se le permite la posibilidad de medir sus palabras y manejar esta información como desee, después de todo son sus palabras las que se mantendrán en el papel.

Otra de las ventajas de tener la declaración firmada es que, el papel no se desvanece como la memoria de los testigos. Se deja de depender del testigo y su memoria y disposición al momento de plasmarlo todo sobre un documento con validez legal. Esto también permite que la declaración, en una forma completa, pueda ser leída por diversas personas, tanto dentro de la empresa como a nivel judicial de ser necesario.

. . .

Para llevar a cabo una declaración escrita lo mejor es que se realice luego de la entrevista hablada, ya que en este punto el investigador sabrá si la información proporcionada es de valor o veraz. Algunos testigos no son fáciles de convencer, a muchas personas les intimida firmar un documento dentro de una investigación criminal, bien sea por propia seguridad o por resguardo de su imagen, por lo que el investigador debe ser consecuente, paciente y persistente para lograr una de estas declaraciones.

Para hacer una declaración escrita un documento con valor legal la firma no es suficiente. Estos documentos deben tener cierto tipo de información y estar hechos de cierta manera para que se pueda considerar una documento válido. Alguno de estos puntos son:

- La identificación: La información sobre el autor de la declaración debe ser explícita y libre de ambigüedades. Nombre completo, número de identificación, número telefónico, trabajo y puesto, dirección de habitación y cualquier otro dato de identificación que el investigador considere necesario agregar.
- Momento de la declaración: La fecha, la hora y el lugar donde la declaración fue dada y firmada debe ir incluido en el documento, lo mismo que los datos el investigador a cargo del testigo.
- Voluntariamente: la declaración escrita debe ser proporcionada de forma voluntaria por el testigo y debe estar escrita con las palabras y las explicaciones que el testigo proporciona, no se puede alterar su forma de expresión. En la declaración escrita se debe especificar también de qué forma surgió la declaración escrita, normalmente especificando que fue posterior a una entrevista por motivos que se deben especificar.

- Afirmación de veracidad: Al final de la declaración escrita es conveniente que el autor afirme que todo lo descrito en el documento lo certifica de su testimonio como real y legítimo.

Antes de llevar a cabo la firma del documento por parte del testigo es importante dejar en claro que el testigo ha leído y aprueba cada una de las nociones escritas en el documento, que comprende el valor y la responsabilidad legal que asume tras firmarlo y asegurarse de que el testigo se encuentra en todas sus facultades mentales, intelectuales y emocionales.

5.2. Usos de la declaración

Las declaraciones escritas pueden ser utilizadas de diversas formas según el investigador lo desee. En ocasiones es permitido, según cada caso y según la declaración, que las declaraciones escritas y firmadas sean admitidas como evidencia en un juicio, si bien por regla general esto no ocurre. Pero las declaraciones por escrito pueden ser muy útiles dentro del ámbito laboral, dentro de una empresa. Una declaración por escrito de un testigo que confirma observó el suceso investigado, puede servir de apoyo para confrontar al criminal e incluso llevarlo a confesar.

5.3. Confesión escrita

Para lograr una confesión escrita por parte del criminal es importante que por parte de los investigadores no existan amenazas, forcejeos ni presiones para realizar el documento escrito, ya que este argumento podría ser usado para desacreditar legalmente el documento.

. . .

Los mismos parámetros que hay que tener en cuenta para la declaración escrita se deben tener presente, y con mayor cuidado, en la confesión escrita. Adicional a una simple descripción de los hechos, se debe tener en cuenta que en este documento deben existir detalles explícitos del crimen e incluir ciertas cuestiones como:

- Desde cuando la persona se había visto involucrada en el acto delictivo presente o pasado.
- El tono con que la confesión será escrita es de suma importancia. Las confesiones no pueden estar escritas a forma de odio o ironía. Se debe percibir la sinceridad plena del criminal durante la lectura de la confesión, de lo contrario podría volverse un documento invalido debido a posibles malos entendidos en la lectura y comprensión del texto gracias a subjetividades.

5.4. Confesión grabada

Realizar una grabación de video al momento de la confesión cada vez se hace más usual durante las investigaciones. Una grabación durante este proceso sirve de apoyo para los investigadores o policías al momento de demostrar la actitud del criminal y el entorno en el cual este admitió su crimen, no dejando cabos sueltos en cuanto a posibles acusaciones de amenazas por parte del acusado. En cuanto a estos factores sin duda alguna una confesión grabada es una joya que muchas veces facilita de forma increíble los pasos durante un juicio.

A la hora de comenzar a grabar un interrogatorio es necesario informar al interrogado sobre la cámara y el audio, hay que dejar bien en claro qué ese material podrá ser usado en su contra y no se puede destruir o anular sin la orden de un juez. Al dejar estas cosas en claras y si el acusado acepta se procede a realizar la grabación.

También es importante ser minucioso al momento de realizar estas grabaciones, si el investigador decide grabar algunas entrevistas y otras no, podrá parecer sospechoso ante los ojos de un jurado. Por qué grabará un solo testimonio y no todos, cómo sabía cuál era necesario grabar, o es que podrá ocultar algo de los otros testigos. Todas estas preguntas pueden hacerse lugar en las mentes de las personas a las cuales se les presenta el caso, por eso es bueno siempre tener todos los posibles puntos de quiebre cubiertos.

5.5. Importancia de la confesión

El valor que tiene una confesión depende mucho del sector en el que el crimen se esté manejando. En el sector público, normalmente se buscan confesiones para crímenes que serán expuestos ante un juez en una corte. Tener una confesión escrita en este sentido no es suficiente para llevar a cabo un buen caso, ya que se necesita evidencia para hacer coincidir los hechos con la confesión, y aunque estos coincidieran, sin suficientes evidencias físicas no será posible llegar a ganar un juicio.

Por otro lado en el sector privado, cuando hablamos de una confesión por escrita por parte de un empleado hacia la empresa, este documento pasa a tener suficiente valor dentro de este acuerdo individual, puede servir como ultimátum, o como razones suficientes y legítimas para llegar a un despido o a un cobro.

6

PERFIL CRIMINAL

1. El perfil criminal

Durante la historia de la investigación criminal se han realizado infinidades de investigaciones asociadas a la mente y a su deformación criminal. Con el paso del tiempo y los avances científicos y de salud, la psicología se ha unificado con la criminalística y juntas ambas ciencias han desarrollado diversos estudios y teorías sobre el comportamiento criminal. Gracias a la psicología se han llegado a tener patrones de comportamiento criminal que ayudan hoy día a resolver crímenes y a encontrar posibles sospechosos.

Un perfil criminal son aquellas características psicológicas y de acción que sirve para focalizar la investigación, delimitar el espectro de posibilidades para que la investigación pueda fluir de mejor forma.

Es importante la definición de un buen perfil criminal para el posible sospechoso, los crímenes violentos son los más necesitados de este tipo de técnicas, pero crímenes no violentos también tienen beneficios en cuanto a tener un buen perfil imaginario del criminal.

2. Proceso de construcción del perfil criminal

Para llevar a cabo la construcción de un perfil criminal es necesaria la intervención de un profesional de la psicología o algún otro profesional de la salud mental, cualquier posible diagnóstico al que se pueda llegar no es fiable sino es aprobado por un experto. La mente humana es en extremo compleja, amplia y variada, por esto no sólo es necesario conocer un formulario de perfiles criminales estándares, es necesario tener un estudio y conocimiento completo del área.

Algunos puntos importantes a tener en cuenta al momento de confeccionar un perfil criminal son:

- Conocer el hecho criminal. Es importante definir cuál fue el delito, no es lo mismo una persona que lleve a cabo un homicidio a una persona que asesine en defensa propia. Es importante conocer la naturaleza del crimen desde el comienzo, de este hecho comenzará el análisis del perfil.
- La víctima. En caso de asesinato, es importante analizar el estado de la víctima y la forma en la que murió, el estado del cuerpo, posibles marcas de lo que ocurrió segundos antes de morir. Si un cuerpo es encontrado con diversos impactos de bala, pero se determina que la muerte fue por asfixia y las balas vinieron luego de su muerte, ayuda a deducir que el atacante era una persona con mucha furia interna. Para determinar este tipo de cosas, es necesario un médico forense y diversos exámenes del ámbito.

2.1. La escena del crimen

Algo que ayuda a definir el punto anterior es el análisis de la escena del crimen, normalmente gracias al lugar de los hechos se pueden deducir muchas cosas, como si un asesinato fue en defensa propia o no. También ayuda a, una vez tener el primer punto definido, conocer la intensidad del crimen. En caso de asesinato intencional, se puede conocer un poco de la personalidad del agresor gracias a la forma en la que trató a su víctima, y esto se puede reflejar en la escena del crimen. Un asesino puede simplemente disparar unas cuantas veces a la víctima e irse, pero otros optan por crímenes más brutales, sangrientos y agresivos.

2.2. Modus Operandi

Saber cómo pensó el delincuente el crimen cometido es de suma importancia para la creación de un perfil criminal. El Modus Operandi, que viene del latín y significa "modo de operar", es aquella forma o patrón que tiene un delincuente a la hora de cometer su crimen (o crímenes). Aquí se evalúan las decisiones que el delincuente ha tenido que tomar durante todo el hecho, tanto antes como después del crimen en concreto. De este análisis se puede deducir a qué tipo de persona se enfrenta el investigador: Inteligente, calculador, compulsivo, agresivo, vengativo, etc. Sobre la definición de este término, Turvey (2002) nos dice: "El Modus Operandi de un criminal lo constituyen sus acciones y conductas por las que pretende consumar el delito. El Modus Operandi refleja "cómo" se comete un delito, y se diferencia de la firma criminal que refleja el "porqué" comete el delito".

El Modus Operandi puede ir evolucionando junto con el delincuente, bien sea por madurez o por simplemente ir aprendiendo de errores anteriores. El Modus Operandi es funcional, en cuanto que deberá permitirle al delincuente facilitarse el crimen debido a una constante evolución de la forma en la que lo comete. Jimenez (2014) nos dice que el Modus Operandi refiere a: "Acciones que realiza el agresor antes, durante y después para ocultar, confundir y despistar a los investigadores respecto a cómo ocurrieron los hechos, y principalmente dirigidas a impedir su identificación"

El Modus Operandi trata de cumplir tres objetivos:

- No revelar la identidad del criminal.
- Realizar con éxito el asesinato, agresión o cualquier sea el crimen.
- Permitir una huida exitosa.

2.3. Marca del criminal

Similar al Modus Operandi pero inconfundible con este. La marca del criminal permanece durante toda su carrera delictiva, mientras el otro evoluciona o se degenera, esta se mantiene. A través de la marca del criminal podemos detectar hechos más profundos de la psicología de este. Normalmente para detectar una marca criminal es necesario que exista más de un crimen, para tener un patrón con una característica particular, que no necesariamente debe ser mostrada a simple vista en la escena del crimen. Como dice claramente Garrido (2007): "La firma viene dentro del delincuente y refleja una fantasía profunda del asesino, la que le impulsa a matar una y otra vez. Es algo que lleva a cabo para su deleite, no lo necesita para que el delito de consume con éxito".

Por ejemplo. Una mujer es asesinada brutalmente. El Modus Operandi del asesino fue llegar a la casa de la víctima en la noche, la agredió sexualmente y luego la llevó a una carretera donde la mata con un golpe en la cabeza. La marca del asesino puede ser cualquier factor más minúsculo que todo lo ocurrido, podría ser el golpe en la cabeza, o la forma en la que la víctima fue abandonada, la posición del cuerpo o el lugar.

La marca del criminal es un accesorio dentro de todo el delito. Es algo estético que satisface una necesidad interior que nada tiene que ver con que el crimen de realice bien o mal. Esta es la diferencia clave entre el Modus Operandi y la marca del delincuente. La marca implica una gran carga psicológica y emocional que el delincuente exterioriza a forma de accesorio o extra dentro de su crimen. Muchas veces esta marca implica un guiño hacia los investigadores o policías, un reto hacia la autoridad y una burla a la misma.

2.4. Victimología

Evaluar a la víctima es de suma importancia en la investigación y en la creación de un perfil criminal. No sólo porque la persona vivió en primera persona todo lo ocurrido, no hay que limitar la investigación de la víctima únicamente al hecho, a una autopsia, sino que también se debe investigar su vida entera, su pasado, sus planes, sus amigos, su familia. Todo estos factores además de tratar de encontrar a su responsable, también ayuda a crearse un perfil criminal del agresor.

Un asesino no siempre es alguien cercano, y no siempre tiene "razones" para asesinar más allá de un simple gozo morboso. Esto es importante tenerlo en cuenta durante una investigación. Muchos asesinatos quedan sin resolver porque el asesino no era cercano a la víctima y se deja de lado la posibilidad de buscar fuera de un círculo concreto de personas.

. . .

Tener un perfil de la víctima, puede ayudar, en caso de asesinos seriales, a tener una idea de cómo es el patrón de víctima y cuáles son las potenciales nuevas víctimas. Cuando un asesino tiene este tipo de fetiche, patrón o tipología de víctima, normalmente indica un alto nivel de psicopatía, lo que sin duda añade muchos factores al perfil criminal.

3. Utilidad

Como ya se mencionó, la creación del perfil criminal suele hacerse en crímenes graves, normalmente asesinatos. Durante la investigación de este tipo de delito es común que los investigadores deban actuar lo más rápido posible en identificar al asesino, ya que lo usual es esperar que la persona huya, o vuelva a atacar. En este sentido, el perfil criminal delimita y ayuda a que la investigación pueda avanzar con más fluidez, evitando así posibles nuevas víctimas.

El perfil criminal es un perfil psicológico, teniendo la cadena psicológica de nuestro agresor, es más fácil suponer cuál podría ser su próximo movimiento, cómo serán sus reacciones, este tipos de predicciones psicológicas también ayuda a la hora de una captura.

Además de la utilidad práctica del perfil criminal, también existe una utilidad o beneficio a nivel teórico dentro del ámbito psicológico y criminalístico, el análisis y estudio de todos estos casos ayudan al perfeccionamiento de la psicología dentro de este ámbito, al desarrollo de nuevas teorías y avances.

4. Motivación del crimen

Durante un crimen existen diferentes motivos y etapas psicológicas del delincuente. Normalmente existe una motivación primaria por parte del criminal para cometer el delito, bien sea robo, secuestro, estafa o asesinato. Esta motivación primaria está coartada por la emocionalidad, el motor de un crimen normalmente está relacionado con la emotividad del delincuente, tanto crímenes menores hasta asesinatos o violaciones. Un robo puede estar motivado debido a una envidia eufórica hacia la víctima, una violación puede estar impulsada por un desorden psicológico y emocional particular del agresor, que puede o no relacionarse directamente con la víctima. Nos dice Jiménez (2010): "Aquellas conductas que nos hablan de la motivación final para cometer un crimen, dejan ver las necesidades psicológicas o emocionales que el criminal pretende cubrir con la realización de sus crímenes"

También existen motivaciones aparentes o motivaciones secundarias, si tomamos en cuenta que un empleado realizó un robo de dinero en efectivo dentro de la empresa, y se descubre que tenía conflictos con la víctima del robo y buscaba vengarse de alguna manera, podríamos decir que esta es su motivación primaria, pero con una investigación se podría descubrir que en realidad robó el dinero en efectivo porque éste fue presionado por su entorno familiar que estaba sufriendo problemas económicos. Entonces el primer ejemplo vendría siendo una motivación aparente o secundaria, porque bien el criminal pudo robar por necesidad económica, pero le robó a una persona en particular por querer vengarse.

Garrido en su libro "La mente criminal" crea una tipología de motivaciones respecto al asesino serial que será bueno exponer aquí para ampliar un poco más el tema, si bien esta tipología puede no ser aplicable para todos los casos, es útil para comprender un poco más la funcionalidad que tiene el perfil criminal dentro de las investigaciones criminales.

. . .

Garrido hace la siguiente tipificación:

- Sexo/ sadismo: Muchos crímenes, relacionados con la violación y el asesinato son impulsados únicamente por un sadismo enfermizo por parte del agresor. Normalmente estos crímenes de violaciones o donde la suexualidad está presente, suelen ser ejecutados por hombres que sienten poder sobre su víctima que en su gran mayoría son mujeres, como también niños y niñas. El sadismos enfermizo lleva a estos criminales a perder la cordura a tal nivel de cegar su raciocinio o el sentido común de respeto.
- Poder/control: Hay asesinos o criminales que cometen sus delitos por la simple razón de sentirse con el poder para hacerlo. Estos suelen tener un autoestima o ego alto, ya que se consideran por encima de sus víctimas. Ejercen sus ventajas bien sea mentales o físicas para controlar a la víctima.
- Lealtad: Algunos crímenes y asesinatos son llevados a cabo por un criminal bajo una extrema manipulación de un tercero, en estos casos suelen ser manipulados por parejas o familiares cercanos. Estos criminales sienten una necesidad tan grande de proteger o vengar hacia su manipulador, que son llevados a cometer crímenes atroces por simple control emocional. Hay otros asesinos que actúan por lealtad, y que no están siendo manipulados. Este tipo de motivación es netamente emocional, el individuo tiene la necesidad de mostrarle a un tercero lo que es capaz de hacer por él o ella.
- Lucro: Criminales y asesinos muchas veces buscan una compensación monetaria por su crimen, bien sea el robo, cuya compensación monetaria llega al instante de haber cometido el hurto, o también asesinos que matan

buscando alguna ganancia económica por la pérdida de esa persona. Hay asesinatos que no tienen valor emocional para el asesino, este tipo de individuos son de gran riesgo, puesto que libre de su emotividad, matan a sangre fría.

- Generar terror: Los terroristas son criminales que buscan ocasionar terror en una población con actos delictivos de alto riesgo. Tiroteos, incendios, etc. Pero los terroristas no son los únicas que buscan infundir el terror, hay más delincuentes que tienen este deseo, si bien no sea a una población, puede a ser a una persona o un pequeño grupo de personas. La motivación por el hecho de aterrorizar a otros implica un enorme problema psiquiátrico. Estas personas disfrutan del sufrimiento ajeno por el simple hecho del sufrimiento. Estos suelen ser los llamados psicópatas.

5. Tiempo y lugar

Todo crimen, como un hecho concreto que realiza uno o varios sujetos, tiene un tiempo determinado de realización y un lugar o lugares donde se efectúa. El tiempo que le toma al delincuente realizar su crimen es relevante para la creación del perfil criminal, ya que dependiendo de la destreza y rapidez que éste tenga, se puede conocer la actitud que el criminal tuvo durante el hecho. Por lo general, si un delincuente se toma un tiempo considerable en realizar el crimen esto quiere decir que la persona tiene una actitud relajada o por lo mínimo confiada durante el hecho. Si le tomase el menor tiempo posible, indica desesperación, miedo a ser descubierto.

. . .

No es lo mismo un robo de banco que dure cinco horas, a un robo de banco que dure dos minutos. Normalmente los robos de banco que tienen tanta duración ocurren con una gran premeditación, los delincuentes están preparados, en cambio un robo rápido implica querer huir y no arriesgarse a ser atrapados, los delincuentes no tienen tanta seguridad en sí como para permanecer demasiado tiempo expuestos.

El lugar también es un factor importante, sobretodo en crímenes que impliquen un asesinato, secuestro, violación o alguna otra agresión física. El lugar del crimen indica también la seguridad del delincuente de sí mismo. No implica lo mismo entrar a una casa, violar y asesinar a una persona dentro de su propia casa y luego irte, que abordar a alguien en una calle solitaria y luego llevarla a un lugar apartado para consumar el delito.

El primer caso evidencia una despreocupación y una premeditación. El sujeto en cuestión debió haber analizado con anterioridad la vida de su víctima, las horas en las que estaba, los lugares de la casa, su entorno familiar. El invadir una propiedad para cometer estos crímenes implican un alto riesgo para el atacante, ya que es más fácil que sea descubierto y atrapado, el realizar este tipo de actos indican seguridad y premeditación, cosa que ayuda a construir un perfil.

El segundo caso por otro lado, refleja un lado más temeroso del atacante. No se arriesga a la plena luz del día, a la intimidad de otra persona. No se siente con la capacidad de mostrarse ante la cotidianidad de alguien y salir impune de ella, por esto acude a métodos más seguros para él, como calles solitarias, la vida nocturna, entornos donde el agresor puede controlar toda la situación, donde su víctima no tiene la ventaja de estar en su zona de confort.

ESCENA DEL CRIMEN

1. Primera vez en la escena

El funcionario policial, o agente de seguridad que sea llamado a la escena del crimen debe llegar con la mayor rapidez posible, ya que la escena del crimen sin supervisión alguna puede ser altamente alterada en un periodo de tiempo corto, esto no necesariamente ocurre de forma intencional, sin embargo cualquier pequeña modificación de la escena puede dañar la posterior investigación.

Al momento de llegar a la escena del crimen, el investigador debe estar alerta ante cualquier movimiento inusual en el área, considerando que puede estar en curso del delito. El área de la escena debe restringirse lo antes posible a ojos curiosos, civiles o personas que puedan acercarse al lugar. Cualquier alteración puede ser fatal, desde la pisada de un zapato hasta la movilización de objetos. Los elementos dentro de la escena del crimen no pueden ser removidos de inmediato y sin protección higiénica que impide el borrado de posibles evidencias. Antes de llevar a cabo la recolección y transporte de evidencia, se debe llevar a cabo un análisis exhaustivo del lugar.

No solo la escena del crimen debe ser observada y registrada, sus cercanías también deben mantenerse bajo vigilancia, teniendo en cuenta que cualquier vehículo o persona de los alrededores puede estar involucrada en el crimen.

Se debe realizar un cerco alrededor del perímetro del área de la escena del crimen. Este debe ser claro y fácil de comprender para terceros. También debe haber personal encargado de la custodia de estos cercos para evitar al máximo la entrada de personas no autorizadas o salida de personas sospechosas. En caso del ingreso de personas a la escena, se debe llevar un registro de estas personas, donde se describa detalladamente su identidad, lo que hará y su relación con el crimen o la víctima.

2. Seguridad

Es importante al momento de estar en la escena del crimen velar por la seguridad, no solo del área, sino también de las víctimas, los oficiales, investigadores y todo el equipo presente. Por esto es de preferencia no hacer declaraciones adelantadas sobre lo ocurrido dentro del área, ni a terceros, civiles o prensa.

Con tal de proteger la evidencia, los encargados del registro y guardado de estos objetos deben tener cubiertas las manos, el cabello y los zapatos, para esto normalmente se usan protectores de hospital. De esta forma a la hora del registro y la búsqueda de pruebas no se contamina el área.

2.1. Tareas del coordinador de la escena

- Delimitar los límites de protección de la escena
- Clausurar los accesos, sobretodo cuando se trata de una empresa, negocio o edificio residencial.
- Dividir la escena en zonas

A. Zona interior crítica: El perímetro donde ocurrió el hecho, la escena del crimen propiamente. Lugar donde está acumulada la mayor parte de la posible evidencia.

B. Zona exterior restringida: Sector de libre circulación del personal autorizado.

C. Zona exterior abierta: Sector de libre circulación civil.

122 INVESTIGACIONES E INTERROGATORIOS

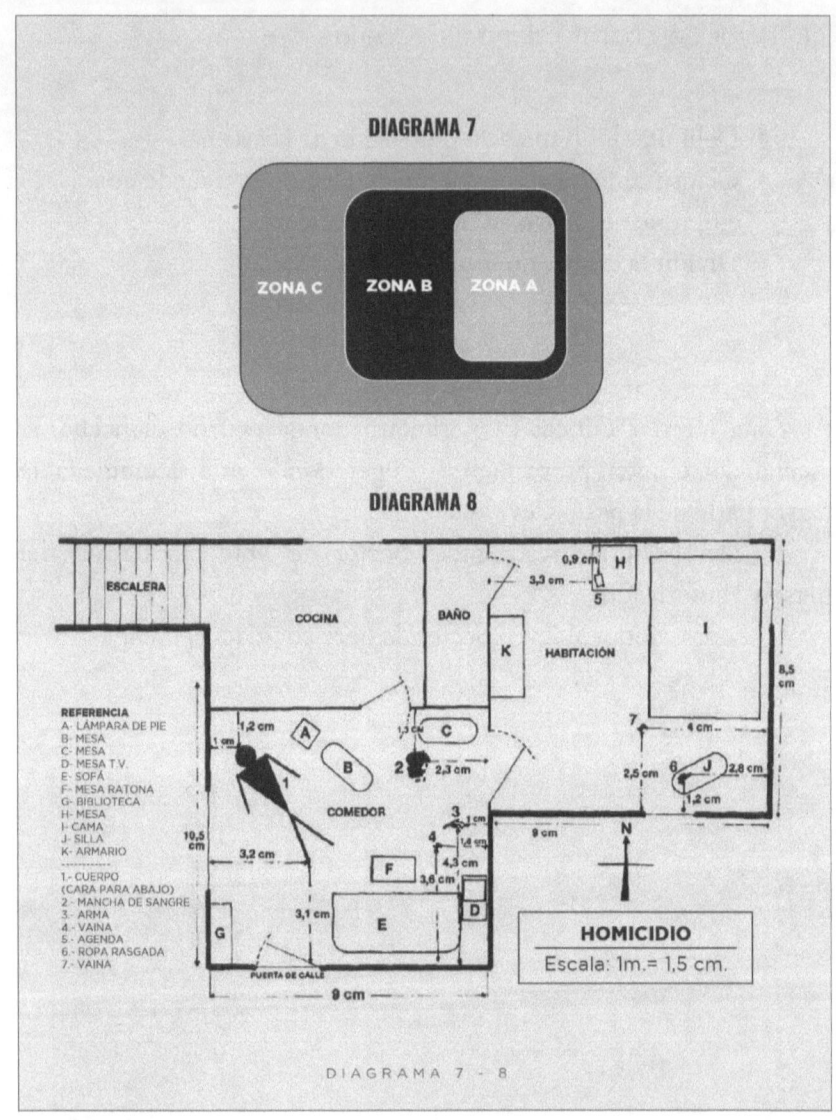

DIAGRAMA 7 - 8

- Estar al tanto de la entrada y salida de personas
- Dejar constancia escrita de los cambios o alteraciones que ocurran durante la estancia en la escena del crimen.
- Tener presente que se suele tener una sola oportunidad de reconocimiento adecuado de la escena.
- Hacer un recorrido inicial del área en posible búsqueda de testigos.
- Tener en cuenta que una inspección debe ser de lo general a lo particular y de lo particular al detalle.

3. Documentos de descripción de la escena

La descripción escrita de la escena del crimen se debe hacer en el mismo orden en el que se realiza la inspección: de lo general a lo particular y de lo particular al detalle. Si las observaciones hechas en la escena son escritas de inmediato, se previene la pérdida u olvido de información. Mientras más detalles y especificaciones existan dentro de estos informes de descripción más oportunidades tendrá luego el investigador para proseguir con el caso. Estos documentos deben guardarse como registro permanente, no pueden ser alterados posteriormente bajo ninguna circunstancia.

Este tipo de documentos deben contener:

- La posición y ubicación de las personas y objetos al momento de llegar a la escena, al igual que las condiciones de estas: Desde generalidades como si había alguna manilla de puerta forzada o ventanas rotas; particularidades como objetos rotos, objetos personales regados, muebles en posiciones particulares que indiquen alguna pelea.

- Información sobre los testigos, sospechosos o cualquier persona que pueda estar relacionada con los hechos. Se debe registrar toda información personal posible de estas personas, relación con la víctima o el lugar del crimen, si es una empresa se debe especificar su puesto, horario de ingreso. En este documento también deben ir las primeras declaraciones de estos testigos.
- Deben estar descritas las acciones que se tomaron durante la inspección, qué objetos fueron removidos y quién los removió, a dónde fueron llevados y por quién. Deben estar los nombres del personal que trabajó en la inspección y la función que cumplió cada quien incluyendo al investigador a cargo, quien escribe el documento.

Siempre, en cualquier investigación, es importante que todo documento pueda ser llevado ante la ley, por esto es importante mantener ciertos requisitos mas allá de una descripción de sucesos y observaciones.

- El documento debe formalizarse en un acta, respaldada por un fiscal o juez. Para formalizar este documento normalmente se solicitan testigos del hecho.
- En esta acta debe haber obligatoriamente datos de contextualización: Fecha y hora de inicio y cierre de la inspección de la escena, nombre completo y número de contacto de las personas que intervinieron.
- Esta acta debe estar escrita de forma imparcial, ser directa, precisa y detallada.

Según el país e incluso el estado donde se realice el procedimiento estos requisitos pueden ser mas variados e incluso mucho más extensos y complejos, aquí nos concentramos en los requerimientos generales.

4. Croquis

Es el dibujo de planos de la escena del crimen, estos se hacen a mano normalmente aunque también puede ser de forma digital. Tiene escritas las medidas reales del lugar del crimen, contiene leyendas explicativas detalladas y se realiza de forma esquemática. Este croquis, al igual que el acta de descripción de la escena tiene algunos requerimientos básicos para su realización:

- En esta planimetría se indican las dimensiones del lugar, la división de los espacios y los objetos mayores. También se indica la ubicación y posición de la víctima si hubiese.
- Indicar si en las áreas cercanas existe algo que se pueda relacionar con el crimen. De ser así, estas deben mostrarse gráficamente en el croquis.
- Se debe reflejar el lugar donde fueron halladas las pruebas.
- Indicar, de existir, la distancia que hay entre la escena del crimen y casas o edificios más cercanos.

5. Equipo de informe

El investigador encargado de la escena del crimen debe establecer un equipo de informe de inmediato. Este equipo de informe consta de varios profesionales:

- Investigador a cargo

- Investigadores extra
- Recolectores de evidencia: personal de huellas dactilares, técnicos en evidencia y fotógrafos.

Este equipo de informe está a cargo de:

- Inspección ocular de la escena
- Recolección de pruebas
- Determinar la evidencia recolectada y su valor.
- Determinar las secuencias de las pruebas forenses necesarias.
- Realizar cualquier acción a la que se haya llegado bajo acuerdo común.

6. El fotógrafo

La fotografía es un método muy importante y casi indispensable durante el reconocimiento e inspección de la escena del crimen. Esta tendencia claramente ha ido en aumento con la mejora de las tecnologías, la calidad de imagen y la rapidez con la que se pueden obtener en físico. Años antes la fotografía podría no tener este impacto durante una inspección ya que las imágenes podían salir de muy baja calidad, podrían no verse bien algunos detalles y llevar a la confusión más que a una solución.

Actualmente hay fotógrafos especializados en escenas del crimen que trabajan de la mano con el investigador y su equipo, el fotógrafo debe tener parámetros sobre su trabajo, no sólo llegará a fotografiar todo arbitrariamente, debe seguir un orden, una lógica y un sentido. Cada foto es importante y debe ser tomada con responsabilidad.

- Se deben tomar fotos que puedan permitir ubicar posteriormente los objetos y cadáveres dentro de la escena. Si un objeto clave fue encontrado al costado de una oficina, la foto debe mostrar de forma clara el lugar donde fue encontrado. Dependiendo del ángulo tomado, la posición del objeto podría parecer distinta a la real, por esto es importante que este trabajo lo realice un profesional de la fotografía.
- Las fotos deben ser claras en lo que se quiere mostrar, infinidad de fotos que no tienen un enfoque claro generan confusión, cada foto debe tener un objetivo.
- Una vista general: es bueno contemplar todos los ángulos de la escena en las fotografías, con el objetivo de tener una visión en conjunto del lugar de los hechos.
- Una vista media: las fotografías de planos medios deben tener un enfoque de objetos, personas, rastros. Los planos medios indican un objeto y su contexto.
- Una vista detallada: esta se toma a los detalles, marcas particulares de una pared, manchas de sangre en una manija,, una marca en el cuerpo de la víctima. Este tipo de detalles que necesitan ampliación para ser revisados.
- Los registros fotográficos también deben ser guardados y registrados como todos los demás documentos: con fecha, hora, persona que tomó la fotografía, tipo de cámara usada y cualquier otro detalle de importancia.

7. Estudio final de la escena

Cuando se haya recolectado toda la evidencia y se tome por terminada la inspección, es importante darle una última revisión ocular, recorrer la escena detenidamente para tener seguridad que ninguna evidencia queda atrás y que ningún objeto pasó desapercibido. Durante esta última vista se debe tener en cuenta que:

- Se debe inspeccionar toda el área, sin importar que se considere concluida.
- Revisar que todos los objetos y equipos de los investigadores haya sido recogido y retirado del lugar.
- No exista ningún peligro o posible factor de riesgo en la escena antes de ser liberada. De existir esto debe ser reportado y resuelto.

8. Liberación de la escena del crimen

Luego de la inspección final de la escena del crimen, donde se conste que el lugar es seguro de ser liberado, el investigador a cargo deberá emitir un acta de liberación de la escena que deje claro que:

- No quedan elementos necesarios para la investigación en la escena.
- Toda inspección, análisis u otro trabajo dentro de la escena ha culminado.
- Debe ir en el acta las especificaciones de la evaluación que se ha realizado dentro de la escena del crimen.

Esta acta de liberación debe ir dirigida a una autoridad judicial o ente inmediato encargado de este tipo de trámites. Éste ente debe aprobar por medio del acta la liberación total de la escena del crimen.

Una vez el área quede liberada, cualquier evidencia, rastro o prueba que se pueda encontrar allí normalmente no queda apta para usarse en la investigación, ya que puede tratarse de implantación o encubrimiento. Por esto es tan importante la certeza de no dejar nada atrás que pueda servir de hueco para intereses de otros.

8

LAS PREGUNTAS CLAVE: QUÉ, CÓMO, DÓNDE, QUIÉN Y CUÁNDO

En todo proceso de investigación, tanto criminal como de otra índole, es necesario hacer preguntas. Las preguntas que el investigador se haga así mismo y a otros es la base fundamental para proceder con una investigación. Las preguntas qué, cómo, dónde, quién y cuándo son las primeras que vienen a la mente de un investigador, e incluso de una persona normal. Así sea inconscientemente, cada vez que ocurre algún delito las personas comienzan a preguntarse, quién lo hizo, por qué hizo lo que hizo, cómo lo hizo y cuándo.

Si nos concentramos, como investigadores, a responder esta serie de preguntas, el caso estaría prácticamente resuelto al tener todas estas preguntas rellenadas. En ellas está toda la información que se necesita. Hasta los casos más complejos se pueden resolver con estas sencillas cincos preguntas. Además de brindarnos la resolución, permiten tener el caso estructurado cronológicamente lo que ayuda a la simplificación del trabajo.

. . .

En una empresa es extraño el momento en el que los corporativos deciden mover grandes investigaciones, al menos que el caso sea realmente grave y afecte a toda la compañía. Por lo general las empresas manejan sus problemas con delitos internos de forma muy sutil y silenciosa con los medios de comunicación e inclusive la misma policía. Hay muchos factores a tomar en cuenta antes de ponerse manos a la obra con una investigación grande, la pausa de días laborables, la movilización de empleados, el manejo de los recursos tanto a nivel de personal como económico, la reputación de la empresa dentro del medio, etc.

Por estas razones las empresas suelen hablar mas de auditorías y no de investigaciones, estas auditorías son bastante frecuentes ya que se asemejan más a una inspección rutinaria que a una investigación criminal. Alarman menos a los empleados y no llaman la atención de la prensa, no jalan tanto presupuesto y permiten continuar con él ritmo laboral. Normalmente estas auditorías resuelven pequeños robos, estafas o fraudes dentro de la empresa, que normalmente son realizados por los mismos empleados o socios, pero cuando una auditoría falla y no logra desmantelar el problema, se suele acudir a una investigación.

1. El qué

Esta es la pregunta que se responde casi por sí misma. El qué es el hecho mismo que se está investigando. Normalmente cuando un investigador realiza su trabajo, ya el mismo contexto que justifica su presencia le está respondiendo el qué: qué ocurrió. Por ejemplo:

Un investigador es llamado a resolver un conflicto o por lo mínimo a detectar cómo y quién es el causante de ese conflicto. Si hablamos de una empresa mediana de telecomunicaciones, que se enfrenta con grandes desvíos de dinero mensuales. Este dinero que se desvía desaparece de las cuentas bancarias de forma fantasma, miles de dólares cada fin de mes han llevado a los socios a investigar la situación.

El que de la investigación es entonces: El desvío de fondos económicos directamente desde la cuenta bancaria de la empresa hacia cuentas fantasmas. Esto podría traducirse a fraude y podría implicarse al banco dentro de este fraude de no ser resuelto dentro de la misma compañía. Incluir a un banco dentro de una investigación por parte de una empresa de telecomunicaciones sin duda llamará la atención e implicaría un gran gasto a nivel económico. Por esto es importante que el encargado de seguridad, el investigador, resuelva el asunto por los medios más privados posibles.

2. El cómo

Esta suele ser la pregunta que se busca responder más rápidamente, ya que mediante esta respuesta se puede delimitar infinidad de posibilidades dentro de la investigación. En algunas ocasiones esta pregunta también se responde sola, o a veces a medias.

Dentro del cómo se bifurcan dos tipos de preguntas que debe hacerse el investigador: ¿cómo fue cometido el delito? ¿cómo puede ser resuelto? ambas preguntas son dependientes, más bien la primera depende de la segunda. Normalmente la forma en la que se realiza un delito dibuja la manera en la que el investigador va a resolverlo. Esto se traduce a "La estrategia de comisión" (los criminales) y "La estrategia de solución" (los investigadores). continuemos con un ejemplo de el cómo:

. . .

Sí continuamos con la idea del ejemplo anterior, la del desvío de fondos bancarios. Podemos preguntarnos, y la respuesta está casi respondida por sí misma, cómo ocurre este desvío. Si bien no se sabe esto con exactitud se puede entender que el que ocasione este fraude a la empresa debe trabajar en el departamento de finanzas o ser un socio con acceso libre a las cuentas bancarias de la empresa. Por lo mínimo ya sabemos que podemos delimitar al personal sospechoso, puesto que claramente el personal de marketing, creativo, técnico y obrero no tiene acceso al conocimiento necesario para realizar transacciones bancarias desde la cuenta de la empresa. Entonces podríamos decir que el qué, nos responde una parte del cómo.

2.1. La detección por método científico

Todo método científico implica que existe una posibilidad de que la hipótesis a presentar sea demostrable físicamente. Es decir, si un investigador dice tener la resolución de un caso, debe demostrar a través de pruebas que en efecto eso ocurrió del modo en el que él asegura. Por eso las bases fundamentales de los métodos científicos son: la observación de los hechos, que ocurren u ocurrieron, la hipótesis de lo que pasa, y las pruebas que respaldan la hipótesis.

2.2.1. Exploratorio

El método exploratorio, es el intento del investigador por detectar la naturaleza de los hechos desde la exploración física del caso. En este método el investigador se pone en los pies del criminal, comienza a ahondar en las posibles posiciones de trabajo que este tenga, sigue ciertos pasos que por la naturaleza del crimen deban seguirse. En este método el investigador inspeccionará a cada posible sospechoso del crimen y comenzará a actuar en base a los delitos ya cometidos, buscando alguna pista dentro del campo. Por ejemplo:

. . .

El investigador se sumergirá en el departamento de finanzas o algún otro que pueda tener acceso a los conocimientos económicos de la empresa, comenzará a investigar a los miembros de esos departamentos, ahondar en sus áreas de trabajo y rastrear posibles fallas.

2.1.2. Inspeccional

En este método el investigador no aborda directamente a las posibles personas involucradas ni trata de averiguar por medio de la incorporación al campo la forma en la que estos pudieron cometer el crimen, más bien inspecciona las fallas estructurales que pueda tener la empresa y busca las debilidades de las cuales los sospechosos pudieron aprovecharse. Por ejemplo:

Nuestro investigador revisará la seguridad electrónica y la protección de datos que tiene la empresa. Puede investigar sobre fugas de información cibernética virus que ayuden al criminal a desviar el dinero de forma invisible.

3. Modus Operandi

Este Modus Operandi no es más que la forma en la que un criminal actúa. Normalmente cuando un criminal realiza más de un crimen de la misma índole suele seguir un patrón de comportamiento, si este patrón es coherente a medida que avanza en sus crímenes, significa que tiene un Modus Operandi coherente. El investigador se guiará de esta pista, de este patrón, para seguirle la pista y llegar hasta el criminal. Por ejemplo:

Si los desvíos de dinero se dan de la misma forma en la misma fecha, el investigador sabrá que todos los últimos de mes ocurrirá un fraude, lo que le da una cierta ventaja si sabe cómo usar toda la información que recolecta. Durante estos días de posible ataque, el investigador puede rastrear con mas profundidad los movimientos bancarios e inspeccionar a los empleados más activamente.

4. El dónde y cuándo

El Modus Operandi de un criminal suele determinar el donde del caso. Si por ejemplo. Tenemos a unas empleadas que se quejan de acoso laboral por parte de un empleado de mantenimiento, que oculta su rostro en el estacionamiento de la empresa. El donde está determinado por los ataques y las declaraciones de las empleadas. El estacionamiento es el donde ocurre el crimen. Determinado factor ayuda a resolver el caso de forma más rápida y segura, en este ejemplo que proporcionamos basta con aumentar la seguridad o instalar cámaras, buscar en los horarios y rastrear no sólo el dónde sino el cuándo del empleado, esto nos ayudará a identificar según los horarios de trabajo al posible acosador de la empresa.

Para realizar todo esto, el investigador tiene que tener una estrategia, y para llegar a una estrategia debe tener en consideración diversos factores. Si recordamos a comienzos de este capítulo hablamos sobre la delicada situación que es llevar una investigación dentro de una empresa, pues volveremos sobre ese punto.

Antes de tomar cualquier decisión sobre cómo llevar el caso, el investigador debe tener en cuenta las necesidades y las solicitudes de los dueños de las compañías. Para la búsqueda de posible personal capacitado para, por ejemplo, llevar a cabo un chequeo de la seguridad cibernética de la empresa, el investigador debe tener presente el nivel de confidencialidad que la auditoría necesita. También debe pensar en qué estrategia sirve mejor para cada caso, con cuánta rapidez se puede resolver el conflicto y con qué presupuesto se puede trabajar. Una buena investigación o auditoría se puede hacer de forma sencilla, rápida y con los menores gastos, estos factores deben estar presentes en todo momento.

9

PROCESO DE ENTREVISTAS E INTERROGATORIOS

Luego de haber descubierto el hecho y realizado los pasos pertinentes dentro de la escena del crimen, se lleva a cabo el proceso de las entrevistas y los interrogatorios. Si bien ambos tienen el mismo objetivo, el de buscar información sobre un suceso ocurrido, son totalmente diferentes en cuanto a su forma de acción y su finalidad puntual.

Durante ambos procesos se realiza una interacción relativamente sencilla en cuanto a comunicación, esta es pregunta – respuesta. El investigador dirige ambos procesos y mantiene su posición de poder, lo que realmente diferencia a la entrevista del interrogatorio es la persona a la que se le cuestiona, a la cual se están dirigiendo las preguntas.

Procedemos entonces a explicar de manera sencilla ambos procesos para tener un vistazo general de las diferencias:

La entrevista es una serie de preguntas que se realizan a testigos o personas que estén implicadas en el hecho, éstas no son personas consideradas como sospechosos. Más bien son personas allegadas al suceso o a la víctima o victimario, que pueden prestar detalles importantes sobre lo ocurrido. Un interrogatorio por otro lado va dirigido a sospechosos del hecho, tanto como criminal principal o cómplice. Los interrogatorios suelen volverse acusativos en algún punto del proceso y su objetivo es llegar a una confesión por parte del interrogado. Si bien la entrevista busca información general de interés, el interrogatorio busca la confesión del victimario.

1. Entrevista

1.1. Finalidad

La entrevista busca aclarar las circunstancias que rodean al hecho que se está investigando. Normalmente cuando se entrevistan testigos es porque la información que estos proporcionan difícilmente se puede conseguir de otra fuente. Es importante para el investigador tener todos los puntos de vista posible alrededor del hecho y los testigos suelen ser personas clave para el esclarecimiento de estos.

Si un proveedor de gas llega a un establecimiento comercial para surtir de gas a la empresa, y de pronto ocurre una explosión que ocasiona grandes daños para ambas empresas, es importante saber qué ocurrió durante el hecho. Si el provocador ha fallecido, los testigos proporcionarán la información suficiente sobre cómo se estaba llevando a cabo el proceso de trabajo. A pesar de existir claras evidencias físicas sobre lo ocurrido, como las máquinas afectadas, el cuerpo del o los fallecidos, es muy difícil determinar el origen del hecho como accidente, negligencia o intencional. Según este ejemplo, podrían surgir las siguientes preguntas tanto a testigos como a supervisores:

. . .

¿La maquinaria estaba en buenas condiciones para su uso?, ¿Se verificó previamente si había alguna fuga de gas en el comercio?, ¿Había ocurrido algo similar antes con el operador?, ¿El operador tenía alguna actitud fuera de lo normal antes de realizar el trabajo?, ¿El operador había mostrado signos de disgusto hacia su trabajo?, ¿El operador era agresivo?

Preguntas cómo esta son necesarias para realizar un tanteo general de lo que pudo o no haber ocurrido durante el hecho. Una vez estas preguntas tenga sus respuestas, es trabajo del investigador realizar escenarios hipotéticos de lo ocurrido en el hecho, y a partir de ahí continuar la investigación.

1.2. Tipos de entrevistas

Durante la entrevista, el investigador que es el profesional del proceso, deberá actuar como una guía para el entrevistado, dirigiendo la cantidad y calidad de la información que el entrevistado pueda proporcionar. Este recurso se usa de forma totalmente libre dentro de las entrevistas, ya que depende de cada investigador. Es importante que el profesional mantenga una buena comunicación y un nivel de igual a igual con el entrevistado, para que éste sienta confianza o empatía con el investigador y pueda desplegar sus pensamientos más fácilmente, incluso tratándose de un testigo renuente.

Para tener una buena comunicación investigador – testigo es importante la primera impresión a la hora de la entrevista. El investigador debe llegarle al entrevistado con una buena actitud, cordial y sincero, comenzar con preguntas de poca relevancia para el caso y poco a poco intensificar los cuestionamientos, de esta forma el testigo se sentirá más a gusto conforme avanza la entrevista. Hay que recordar que los testigos suelen encontrarse bajo presión al estar envueltos en una situación de riesgo, pueden encontrarse alterados por los hechos ocurridos, nerviosos o renuentes por temor a ser implicados en los sucesos.

Es importante si bien mantenerse con una posición empática hacia el testigo, como investigador no se puede dejar llevar por las circunstancias, ya que puede descuidar alguna pregunta, o ignorar accidentalmente alguna respuesta crucial para el caso. Antes de comenzar a realizar preguntas puntuales, el investigador debe buscar una narración de lo ocurrido por parte del testigo. Una vez se tenga esta narración se comenzará a hacer preguntas para esclarecer los puntos difusos y rellenar así los escenarios que el investigador tiene trazado de los hechos. Algunas de las preguntas abiertas que se pueden realizar a testigos, continuando con el ejemplo anterior del accidente de gas:

¿Qué más recuerda?, ¿Qué otra cosa vio o escuchó ese día?, ¿Cree que todo estaba normal antes de la explosión?, ¿Recuerda haber pensado que algo andaba mal?

Luego de realizar las preguntas abiertas, se procede con las preguntas cerradas, que llevarán al investigador a sucesos más concretos. Es importante que en este punto el investigador realice preguntas únicamente con la información proporcionada por el testigo, y no por evidencia o suposiciones previas, de este modo el testigo no se sentirá atacado y sentirá que la información que ha propiciado ha sido de interés y no simplemente descartada por otra. Si al culminar con las preguntas cerradas realizadas con la información del testigo aún quedan dudas, se procede a realizar preguntas de acuerdo a la evidencia y la suposiciones, pero nunca antes.

. . .

Al finalizar la entrevista es importante hacer una pregunta crucial, muy parecida a las primeras: ¿Hay alguna otra cosa que crea que debamos saber? Y para dejar los campos de comunicación abiertos: ¿Podemos volver a contactarte si surge alguna duda?

La primera de estas dos últimas preguntas ayuda a que el testigo recopile todo lo dicho y muchas veces a este punto, si han evitado decir algo, las circunstancias ya lo han convencido de decirlo. La segunda pregunta deja abierta la posibilidad de una próxima colaboración del testigo, muchas veces necesaria.

1.2.1. Entrevista a la víctima

Las entrevistas a las víctimas están llenas de situaciones complicadas. La víctima normalmente está en un estado anímico anormal, bien sea el caso puede estar deprimida, nerviosa, temerosa o molesta. El investigador debe tener esto presente y ser consecuente con la víctima a la hora de la entrevista. Es importante evitar al máximo el forzar las respuestas o presionar al testigo víctima. En este caso es muy importante desarrollar empatía y ser pacientes con la víctima, ofrecerles café o algo que ayude a tranquilizarse y sentirse más cómodos para hablar. A veces incluso, es necesario posponer la entrevista para un día posterior. Es importante hacer ver a la víctima que se busca ayudarla y no perjudicarla ni acusarla de lo ocurrido. Ocurre mucho con las entrevistas a mujeres que son abusadas o violadas, que guardan silencio o se niegan a colaborar por miedo a que las culpen de los hechos y pasen de ser víctimas a culpables. En estos casos es importante cuidar la forma en la que se pregunta y el tono qué se usa con la víctima, cuidando de no sonar escépticos al ataque que pudo sufrir.

. . .

Si llega una mujer que sufrió una violación, es importante que relate lo ocurrido con mayor detalle posible. El investigador tiene que mantener la calma y tener paciencia puesto que este recorrido puede ser lento y tortuoso para la víctima. Luego del relato y las preguntas abiertas pertinentes se procede a realizar las preguntas cerradas:

¿Recuerda haberse sentido perseguida durante el día? ¿El atacante la había agredido antes de alguna forma? ¿Cómo era su relación con su atacante? ¿Alguna otra persona conocida ha tenido una experiencia como esta con el atacante? Con estas preguntas no solo se determina la veracidad de la historia de la víctima, sino que además se abren posibilidades a otros casos que pudieron ocurrir anteriormente. Lo mejor para este tipo de casos, que son de índole sexual y la mujer es la víctima, es preferible que la entrevista se lleve a cabo por una investigadora, ya que ayudará a la víctima a sentirse más comprendida y cómoda con una persona que considere su aliada.

DIAGRAMA 9

INVESTIGADOR	**VICTIMA**

INVESTIGADOR	¿Quiere café, agua? Si necesita algo antes de comenzar puede decirme.
VICTIMA	No, gracias.
INVESTIGADOR	Está bien, ¿podemos comenzar entonces?
VICTIMA	Si.
INVESTIGADOR	Bien, puede contarme con detalles y en orden lo que ocurrió esta noche.
VICTIMA	Pues... Yo estaba en la fiesta de aniversario de mi empresa, estaba con mis compañeros, tomando, bailando... Llegó John y me llamó a una de las oficinas, quería hablar sobre algo no recuerdo qué me decía... (silencio)
INVESTIGADOR	Una vez dentro de la oficina ¿qué ocurrió?
VICTIMA	John comenzó a acercarse inapropiadamente, quise alejarlo, no me escuchaba y tenía mucha más fuerza que yo... (silencio)
INVESTIGADOR	¿Usted le dijo que se alejara?
VICTIMA	Si.
INVESTIGADOR	Y ¿le trato de apartar a la fuerza, pero no pudo?
VICTIMA	Si.

DIAGRAMA 9

DIAGRAMA 9

INVESTIGADOR	De acuerdo, continúe
VICTIMA	Bueno, luego intentó... y entonces entró una amiga, ella lo casó y los llamó a ustedes. (silencio)
INVESTIGADOR	Necesito que seas más detallista, es para ayudarte, tienes que ser precisa para ayudarte lo mejor posible.
VICTIMA	John me manoseo y empujo. Me mantuvo bajo él a la fuerza mientras trataba de... (silencio, llanto)
INVESTIGADOR	Tranquila, está bien, puedes tomarte un descanso y seguimos en unos minutos.
VICTIMA	No, estoy bien. Mientras trataba de penetrarme, cuando mi amiga entró yo tenía las muñecas marcadas por su fuerza y él estaba desnudo de la parte baja.
INVESTIGADOR	¿Afirmas que fue un intento de violación y que hubo maltrato físico comprobable?
VICTIMA	Si.

DIAGRAMA 9

Esto es un ejemplo resumido de una entrevista a una víctima, una mujer que fue acosada y estuvo a punto de sufrir una violación. Hay que tener en cuenta que este tipo de entrevistas se pueden poner pesadas, tanto para lo investigadores como para la víctima.

1.2.2. Entrevista cognitiva

Este tipo de entrevista ayuda a las víctimas o testigos en general a recordar cosas del suceso que son difíciles para ellos. Normalmente los afectados de la memoria suelen ser las víctimas, por eso mayormente este tipo de entrevista se aplica a ellos. Este tipo de entrevista fue diseñada en función a la memoria y a su funcionamiento dentro de la mente humana. Existen diversas tácticas y técnicas que ayudarán a los investigadores a llegar a aquel lugar recóndito dentro de la memoria de la víctima.

El que una víctima olvide cosas que vio durante un suceso es totalmente normal, las razones de estas pérdidas selectivas de memoria son diversas, pero normalmente es porque la víctima no estaba preparada para ver lo que vio o para sentir lo que sintió, y su cuerpo, en forma de autodefensa, borra ese suceso temporalmente de la memoria. Es trabajo del investigador ayudar a la víctima a superar esta barrera, para esto debe ser totalmente comprensivo y paciente.

Una vez la víctima recupere la memoria, surge otro inconveniente, la comprensión entre lo que la víctima dice recordar y el entrevistador. Muchas veces el uso de palabras por parte de la víctima no es el más óptimo, y queda por parte del investigador interpretar de la forma correcta lo que se le está diciendo.

. . .

Una técnica para ayudar a la víctima a recordar los sucesos, es que el entrevistador guíe los hechos de forma organizada según fueron ocurriendo. De esta forma la víctima tiene los hechos más organizados en su mente y puede recordar con más facilidad. Ya que si se salta de un suceso a otro muy lejano, se le permite a la víctima omitir grandes piezas de la historia donde puede existir algo clave. Este tipo de entrevista tiene tres fases comúnmente usadas que el entrevistador lleva a cabo para ayudar a la víctima.

- **Instaurar** una comunicación óptima: Lo primero que el investigador debe tener presente es establecer una buena relación de comunicación con la víctima que va a entrevistar. Mostrarse amistoso, comprensivo y atento a todo.
- **Facilitación** de instrucciones: En esta parte es trabajo del investigador decirle al testigo qué está bien decir, qué están buscando, se le indica a la víctima que no debe despreocuparse sino tiene una respuesta, se le aclara que se pueden repetir o replantear preguntas si no se comprenden. Cualquier duda que pueda surgir en la víctima o testigo también será respondida por el investigador en este punto.
- **Reconstrucción** de hechos: para ayudar a recordar al testigo es bueno comenzar diciéndole que relate los hechos desde un punto anterior del momento a investigar, esto ayuda a la persona a ponerse en contexto sobre ese día y recuerda con más facilidad. A partir de aquí el investigador debe recordarle a la víctima que revele cualquier detalle que le parezca insignificante, cualquier sentimiento, olor, color, persona, animal o cosa que haya visto.
- **Perspectiva:** Aquí el entrevistador comienza a jugar con las perspectivas de la víctima. Se le pide que relate

las circunstancias de atrás para adelante, que trate de recordar qué pasaba un poco más allá del hecho, algún sonido lejano o cualquier otra variación de la perspectiva que se pueda hacer según cada caso. Hay muchas veces que se pide al testigo que dibuje un plano de los hechos, y con este dibujo se juega con las perspectivas de vista y ayuda muchas veces a recordar cosas que ocurrían al mismo tiempo que el testigo había ignorado.

- **Culminación:** Una vez se obtenga la información, el entrevistador debe cerrar la entrevista a través de aspectos o preguntas generales. Que el testigo no sienta un fin abrupto ayudará a mantener la buena comunicación para futuras entrevistas.

DIAGRAMA 10

INVESTIGADOR	**VICTIMA**
INVESTIGADOR	Buenos días, mi nombre es Williams y estoy a cargo de su entrevista.
VICTIMA	Yo tengo recuerdos confusos.
INVESTIGADOR	Si, lo sabemos no se preocupe. Si no tiene la respuesta a alguna duda no hay problemas. Entre usted y yo trataremos de hacerle recordar ¿está bien?
VICTIMA	Bien
INVESTIGADOR	Ahora quiero que me relate lo que usted recuerda de forma cronológica, si no recuerda algún fragmento no se preocupe. Sea lo más detallista posible cualquier cosa mínima podría sernos útil. Si se le hace más fácil puede comenzar a relatarlo todo desde antes del incidente.
VICTIMA	Está bien. Esa mañana llegué temprano a la oficina porque tenía trabajo del día anterior. Subí en el ascensor y había un hombre con capucha...No recuerdo cómo era, él me agarró por el cuello y... lo siguiente que recuerdo es despertar en la oficina con otros compañeros, estaban atados de manos y había muchos encapuchados.
INVESTIGADOR	¿Podría decirme el color de piel del primer encapuchado que vio? ¿lo recuerda?

DIAGRAMA 10

DIAGRAMA 10

VICTIMA	¡Sí! era era blanco, caucásico. bastante alto y un poco gordo.
INVESTIGADOR	¿Cree que pueda describir el recuerdo de sus facciones? para un dibujo.
VICTIMA	Si, eso creo.
INVESTIGADOR	Adelante, este hombre escuchará e irá dibujando conforme a sus descripciones, recuerde que si se equivoca está bien, no se preocupe.
VICTIMA	Tenía la cara gorda creo, lo ví de perfil y se veía un poco cacheton. No recuerdo bien, pero era gordo así que posiblemente sí sea así.
INVESTIGADOR	Muy bien, y los ojos ¿como los tenía? recuerda si notó algún color en particular.
VICTIMA	No noté colores, pero no eran ojos claros. Tal vez eran marrones o negros. Recuerdo sí que tenía un piercing en la ceja...no sabría decir qué lado...
INVESTIGADOR	Dijo haberlo visto de perfil ¿cierto? cuál perfil era, ahí debería estar el piercing.
VICTIMA	Creo que... el derecho sí, yo estaba entrando al ascensor y.. detrás de él estaba el cartel del peso permitido. Ese cartel está del lado izquierdo del ascensor así que... Era su lado derecho.

DIAGRAMA 10

Este es un pequeño ejemplo del tipo de preguntas que se pueden hacer para que una víctima recuerde el suceso. Hay que tener en claro que no será un proceso fácil. Es necesario volver sobre los hechos una y otra vez hasta que algún recuerdo oculto llegue a la mente de las personas.

1.2.3. Entrevista a empleados y externos.

En el caso de los empleados, se recomienda realizar las entrevistas en sus lugares de trabajo dentro de la empresa. Ya que llevarlos a una oficina fuera de su entorno suele parecerles intimidante y a veces crea un rechazo hacia los investigadores ya que se sienten atacados directamente. El empleado debe sentir que él es necesario como ayudante para el caso y que su testimonio honesto ayudará con la resolución de las interrogantes. Hay que cuidar que no se sienta amenazado o implicado de alguna manera. Por esto el investigador llegará con una actitud positiva y amistosa a solicitar la ayuda. Es bueno también dejar esclarecido al empleado que él no es el único que será entrevistado, sino que existe una búsqueda de información general en toda la empresa. Estas sencillas pero vitales técnicas ayudarán a que el empleado se sienta cómodo para poder dar la información lo mas honestamente posible.

Por otro lado, los externos, que bien pueden ser clientes, contratistas o un transeúnte, no se sienten en la obligación laboral de colaborar tan fácilmente con los investigadores. Si bien los empleados pueden acceder fácilmente quieran o no hacerlo por un tema laboral, estos externos no tienen este factor. Por lo que es necesario convencerlos primero de los beneficios que podría tener el ayudar con el caso. Por ejemplo, si el externo es un cliente, se le puede dar a entender que le conviene la colaboración en el caso, para ayudar a mejorar a la empresa, y por ende, el disfrutaría de un mejor servicio. Esta forma de obtención de información puede ser directa o sutil, según el investigador crea conveniente.

DIAGRAMA 11

INVESTIGADOR	**VICTIMA**

INVESTIGADOR	Buenos días, usted es el técnico de tecnología, ¿cierto?
VICTIMA	Si soy yo.
INVESTIGADOR	Estamos haciéndole algunas preguntas a los empleados. Hubo un inconveniente con un pequeño robo. Nos dijeron que usted es uno de los empleados más antiguos y pensamos que podría sernos de gran ayuda.
VICTIMA	Yo no sé nada de eso.
INVESTIGADOR	No se preocupe no estamos aquí para acusaciones, solo queremos su conocimiento de la empresa y los empleados para averiguar qué ocurrió.
VICTIMA	Ah de acuerdo está bien.
INVESTIGADOR	¿Podemos sentarnos en su oficina para hacerle un par de preguntas?
VICTIMA	Claro siéntese.

DIAGRAMA 11

Este es un ejemplo de cómo empezar la entrevista hacia un empleado. Hay posibilidades de que este se mantenga a la defensiva por sentirse atacado, pero es importante mantener la calma y hacerle ver que no es así, aunque lo sea.

1.2.4. Entrevista de vida

Esta entrevista está diseñada para conocer cómo la persona vive. Mas allá de hechos concretos, se busca conocer la totalidad del estilo de vida de la persona, sus gustos, su personalidad, su familia, sus conflictos del día a día. Estas entrevistas suelen realizarse a modo de presentación del individuo, son esencialmente personales y ayudan a tener un panorama de la persona para luego comprender su función o su implicación dentro del caso. Este tipo de entrevistas se suele realizar para conocer al posible sospechoso del caso.

DIAGRAMA 12

INVESTIGADOR	**VICTIMA**

INVESTIGADOR	Ya nos ha contado los hechos de aquel día. Como nos dijos usted, estaba en el bar el día que aquella muchacha desapareció ¿cierto?
VICTIMA	Sí, eso dije.
INVESTIGADOR	¿Solía frecuentar este bar?
VICTIMA	Sí, ocasionalmente.
INVESTIGADOR	Allí conoció a su ex pareja, ¿cierto?
VICTIMA	Sí.
INVESTIGADOR	Entonces, ¿podría decir que frecuentaba ese bar en busca de conquistas?
VICTIMA	No iba para eso, que fuese ocurrido un par de veces no quiere decir nada. Todo el mundo conoce mujeres en los bares, las mujeres conocen hombres y no quiere decir que sea unas secuestradoras.
INVESTIGADOR	Dice que ha ocurrido un par de veces, podría decirnos con qué frecuencia conocía mujeres en ese bar con las que entablaba relaciones amorosas.
VICTIMA	Uno va cuando se siente solo, aburrido. Mire nunca le he hecho nada a ninguna mujer, todas pueden decirlo.
INVESTIGADOR	Esa noche, si no tenemos malas las fechas, había recien roto con su ex pareja. Para ser exactos ella lo había dejado por que... "era un patán" nos dijo.
VICTIMA	Ella fue la que los convenció de esto ¿no? Claro, ella estaba celosa de todas las mujeres con las que me veía, me acosaba en las noches, no me dejaba de llamar todos los días. Esa perra me las pagará.
INVESTIGADOR	¿Admite entonces que es una promiscua?

DIAGRAMA 12

Esta es una forma de comenzar a realizar la entrevista de vida. Con preguntas cada vez más personales pero amplias que ayuden a situar al sospechoso en una línea conductual. En el ejemplo de arriba se trata de dejar esclarecido que este hombre frecuenta un bar donde ya a conocido mujeres, lo que sugiere que puede ser responsable de una desaparición.

1.2.5. Entrevista conductual

Este tipo de entrevista se diseñó para detectar el lenguaje corporal y verbal de los posibles sospechosos. Durante las preguntas el investigador tiene que observar detenidamente el comportamiento físico y verbal que pueda tener el posible sospechoso, buscando cualquier indicio que pueda indicar que el sujeto en cuestión está involucrado en los hechos, signos como: nerviosismo, sorpresa, e incluso a veces la molestia y agresividad.

El individuo al sentir amenazado o a punto de ser descubierto, reacciona de forma automática gracias al sistema nervioso del cuerpo. Estas reacciones fisiológicas varían según la persona, pero derivan en cambios de actitud física, tono de voz, sudoración, ritmo cardíaco acelerado etc. Estos indicios el investigador deberá notarlos y buscar a través de las preguntas nuevas reacciones para llevar a un posible quiebre al individuo en cuestión.

Unificando ambos testimonios, tanto el verbal intencional del individuo, es decir las respuestas conscientes que hace a las preguntas, y las reacciones físicas involuntarias que expresa, se puede llegar a una conclusión sobre la posible sospecha.

DIAGRAMA 13

INVESTIGADOR	**VICTIMA**

INVESTIGADOR	¿Dónde estuvo durante los hechos?
VICTIMA	Ya se lo dije, estuve en mi casa.
INVESTIGADOR	¿Nadie puede corroborar esto?
VICTIMA	¿Qué...? (manos inquietas).
INVESTIGADOR	¿No tiene testigos que confirmen dónde estuvo? Sin es no podemos estar seguros que dice la verdad.
VICTIMA	No, yo... no. Vivo solo. (Sudoración)
INVESTIGADOR	¿Hay cámaras de seguridad en su edificio?
VICTIMA	No que yo sepa
INVESTIGADOR	Si hubiese cámaras, con sus registros podríamos saber si usted salió esa noche.
VICTIMA	ya dije que no salí, no hay cámaras en el edificio.
INVESTIGADOR	Nos dijo que no sabía, ¿ahora afirma que no hay?

DIAGRAMA 13

Durante estas entrevistas es importante hacer preguntas que generen dudas o estrés en el testigo, así se generarán reacciones corporales y verbales que el investigador deberá saber leer.

1.3. El investigador o entrevistador

El entrevistador o investigador debe ser una persona que se muestre receptiva, debe tener buen aspecto físico en cuanto a pulcritud y vestimenta, la voz debe ser firme, pero suave cuando sea necesaria. Debe tener una buena articulación del habla, y estar siempre dispuesto a escuchar atentamente antes de hablar. El investigador debe estar consciente que él mismo puede estar ocasionando un problema de comunicación con el testigo y siempre debe estar al pendiente de cuándo debe cambiar su forma de manejarse y hablar.

El entrevistador además debe tener en cuenta el estatus social de su testigo, y a partir de este será su vestimenta, actitud y vocabulario. Tanto como para demostrar respeto como para simpatizar con el testigo. Por ejemplo, si el sujeto a entrevistar es un hombre empresario de alta alcurnia, es mejor que el investigador de vista formal y hable con cierto nivel técnico y de educación. Por otro lado sí el testigo es un obrero de clase baja, el investigador podrá vestirse más casual y hablar un poco más natural.

Al momento de realizar una entrevista, el investigador debe ir con la mente clara sobre quién es el testigo y qué tipo de información este podrá proporcionarle. Un entrevistador no puede llegar en blanco a la sala de entrevista, puesto que estaría haciendo preguntas al aire y el testigo puede fácilmente evadir u olvidar detalles importantes y esto perjudica a toda la investigación. Por lo tanto el investigador deberá obligatoriamente conocer a su testigo y saber lo que se busca en él.

1.4. Las preguntas y sus tipos

Las preguntas se hacen para generar información útil y para guiar al testigo para que pueda proporcionar la información de forma rápida y amplia. Para esto existen varios tipos de preguntas y cada una de ellas tiene un propósito particular y se usan en situaciones o fases específicas de la entrevista.

1.4.1. Preguntas abiertas y de expansión

Las preguntas abiertas llaman al testigo a que pueda narrar cómodamente los sucesos según prefiera. Estas preguntas se realizan sobre todo al comienzo de la entrevista, para que el testigo dé una visión global de todos sus conocimientos sobre el suceso y así poder recolectar información que luego se profundizará en las preguntas cerradas.

Las preguntas de expansión son aquellas que el investigador realiza para volver sobre un hecho narrado por el sujeto y profundizar más en lo ocurrido durante ese periodo de tiempo específico. Por ejemplo, si un individuo dijo durante su relato "Luego de verlo, fui a un cafetín y al regresar ya no estaba" se le diría: "Dice que fue a un cafetín, ¿podría decirnos qué ocurrió durante ese tiempo?"

1.4.2. Preguntas cerradas

Las preguntas cerradas siempre aparecen luego de tener un buen panorama general de la historia proporcionada por el testigo y nunca antes. Estas preguntas se suelen formular con la información que ha dado el mismo testigo y no con una que ya se tenga con anterioridad. Por ejemplo, ¿cuántas cervezas tomó aquel día? ¿ por qué condujo borracho y solo?

. . .

Es importante que estas preguntas no proporcionen información extra al testigo, ya que se le podría hacer creer al testigo que pasaron cosas que en realidad no recuerda, o podríamos darle pie a que pueda mentir con más facilidad si es que la información que tiene el investigador está errada.

1.4.3. Preguntas capciosas

Estas preguntas se suelen utilizar como trampillas para los testigos o mayormente para los sospechosos. El problema con estas preguntas es que pueden generar confusión real si hablamos de la víctima o de alguna persona muy afectada por los hechos. Hay que ser bastante cautelosos al momento de emplear este tipo de preguntas ya que más que ayudar se podría entorpecer el avance de la investigación.

1.4.4. Última pregunta

Al final de cada entrevista, se debe hacer una pregunta que suele ser muy útil para que los testigos digan cualquier detalle o hecho concreto que desde el comienzo estaban renuentes a decir o simplemente no recordaban. Esta pregunta actúa como una especie de rebobinado en la mente del testigo para recordar todo de forma rápida, lo que muchas veces deriva en recordar algo que antes, por la presión y el estrés, se había dejado atrás.

1.5. La declaración

La declaración es el testimonio que realiza un testigo sobre un hecho de interés judicial o policial. Es un relato de lo ocurrido según su posición o el rol que tomó durante, antes o después de los hechos en cuestión.

1.5.1. Análisis

Para comprender y aprovechar al máximo las declaraciones de los testigos hay que tener en cuenta diversas cosas. Un testigo puede ir añadiendo información a su relato inicial según vaya avanzando la entrevista y él mismo vaya recordando hechos que antes no recordaba. Por esto no hay que aferrarse fielmente al primer relato contado y siempre hay que ahondar más sobre lo mismo para llegar a una información más global. El testigo siempre contará en primera instancia lo que considera importante y omitirá lo que no, es trabajo del investigador lograr tener ambos.

Hay que estar atentos a cada cosa que diga nuestro testigo, ya que muchas veces las declaraciones van cambiando ligeramente mientras avanza la entrevista, y estos cambios no son por añadir información extra, sino más bien por empezar a suprimir detalles que antes se mencionaron. Esto normalmente significa que el testigo está tratando de engañar al entrevistador y comienza a omitir información que pueda resultar de interés.

1.5.2. Los hechos

Las entrevistas sirven para recopilar los hechos ocurridos durante, antes y después del suceso. Para rellenar los espacios vacíos y responder a preguntas como quién, cómo y por qué. Por esto es tan importante dejar al testigo hablar libremente al comienzo de la entrevista, ya que una narración sin interrupciones puede arrojar hechos antes no conocidos o pequeños detalles que más adelante pueden ser exprimidos. Una vez los hechos están claros para los investigadores el resto del trabajo se facilita casi por completo.

. . .

Los testigos, además de la evidencia física, son una de las formas más fiables de reconstrucción de hechos, ya que son la vivencia de lo ocurrido.

1.5.3. Diagramas

Un diagrama es un dibujo donde se puede mostrar con claridad la situación física en la que se encontraba el testigo y permite visualizar mucho mejor para el investigador los hechos relatados. A menudo se les pide a los testigos que hagan este tipo de diagramas cuando en el hecho estuvieron presentes varias personas, así se conocen sus posiciones y movimientos durante el conflicto. También se suele usar cuando se trata de calles o transversales confusas.

Cuando un testigo dibuja un diagrama y declara en torno a él, es bueno guardar ese dibujo con la firma y fecha del testigo para que más adelante pueda servir de prueba.

2. Interrogatorio

2.1. Finalidad

En un interrogatorio se está cuestionando a una persona que se considera sospechosa del caso. Existe un juego psicológico donde el objetivo del investigador es hacer una serie de preguntas y acusaciones que empujen al sospechoso a confesar voluntariamente o a declarar situaciones que lo comprometan de alguna manera con la culpa del caso.

Al sospechosos sentirse acusado trae una situación de tensión y estrés en la sala, a diferencia de las entrevistas, donde estas sensaciones serían contraproducentes, en los interrogatorios es todo lo contrario. Mientras se mantenga la tensión en la sala se está empujando psicológicamente al sospechoso a dar cada vez más información.

2.2. Acondicionamiento del investigador

El investigador o investigadora que vaya a llevar a cabo el interrogatorio debe estar vestido lo más sobrio posible. Sin ningún tipo de broche, sombrero o adorno que pueda permitir al sospechoso distraerse del interrogatorio y confundir con sus ademanes físicos a los investigadores.

Al igual que en la entrevista es importante que el investigador conozca la vida de la persona a la cual interrogará. Pero en este caso es de suma relevancia, ya que durante el interrogatorio, si el investigador le demuestra al sospechoso que conoce su vida, haciendo preguntas directas sobre su familia o pasado, el interrogado sentirá que el investigador ya lo sabe todo y las dudas y confusiones comenzarán a aflorar.

2.3. Organización del interrogatorio

Para realizar un interrogatorio es importante que la habitación esté aislada de agentes externos, como ruidos o personas caminando que puedan distraer al investigador o al sospechoso. Cualquier oficina sin objetos llamativos y sencilla en cuanto a decoración y objetos puede servir. Es importante que no sea un lugar que el sospechoso frecuente como su lugar de trabajo, ya que esto puede darle comodidad y más seguridad a la hora de evadir las preguntas.

Como normalmente se ve en las películas, entre el sospechoso y el investigador se interpone un escritorio, esto en realidad es contraproducente ya que se crea una barrera no solo física sino de comunicación entre ambos sujetos. Por esta razón es preferible colocar a los sujetos frente a frente pero con un espacio considerable entre ellos, que el sospechoso sienta que se le respeta su espacio y no será peligroso para él confesar. Una vez el investigador sienta que el sospechoso ha cedido, es bueno que se acerque poco a poco al sujeto, para crear una especie de empatía y familiaridad con la que el sospechoso se sienta cómodo de confesar. Es bueno colocar dos sillas de respaldo recto una frente a otra, y que el sospechoso en cuestión esté dando la espalda a la puerta, de esta forma no siente el control corpóreo de poder levantarse e irse tan fácilmente, ya que el manejo del espacio estaría controlado por el investigador.

2.4. El interrogatorio

El interrogado debe estar antes dentro de la sala que el investigador. Cuando entre este va a preguntarle si desea ir al baño o tomar un vaso de agua. Si el sospechoso lo rechaza en primera instancia y luego solicita algo de beber o ir al baño, indica un estado de culpabilidad, ya que más que una necesidad, lo que ocurre es que el sospechoso necesita un respiro de la interrogación para poner su mente clara. el investigador debe evitar en lo posible que luego de iniciado el interrogatorio este te interrumpa por idas al baños o cigarrillos, sin embargo hay que recordar que no se puede coartar la libertad del testigo hasta no tener razones para detenerlo. Las primeras preguntas van a proceder de forma simple con cuestiones poco importantes o relevantes, siempre apuntando a respuestas afirmativas y cortas. De este modo psicológicamente el sospechoso estará adecuándose a responder de forma positiva ante las preguntas, llegando el momento de las preguntas relevantes al caso, las previas respuestas afirmativas ayudarán a continuar con esta línea de verdades simples.

. . .

Algunas indicaciones físicas que puede darnos el sujeto sospechoso son:

Mirada tímida y normalmente renuente a mirar fijamente al interrogador. Sudoración o temblores, normalmente en las manos, balbuceo o tartamudeo, picazón en el cabello o alguna otra parte del cuerpo o la aparición de algún tic nervioso.

Durante el interrogatorio, durante ciertos momentos de tensión donde se ve al sospechoso próximo a confesar alguna cosa, es bueno que el investigador demuestre su posición de poder. Puede demostrarse de formas muy simples, una de ellas es la libertad de movimiento, mientras que el sospechoso permanece en la silla, el investigador puede caminar por el espacio, puede acercarse, volverse a sentar, puede meter sus manos en los bolsillos y detenerse en diversos lugares de la sala. Esta libertad se contrapone a la quietud del sospechoso y le da la sensación de estar en desventaja.

2.5. Qué sí y qué no

Un buen interrogatorio se lleva a cabo con la combinación de muchas prácticas y muchas técnicas diversas, no se puede esperar que un solo método tenga la fórmula para resolver un caso con éxito. Existen muchos tipos de sospechosos y cada personalidad requiere de un esfuerzo diferente. Hay muchas cosas que se hacen durante los interrogatorios, es un momento de tensión no solo para el sospechoso sino también para el investigador, por esto es importante que éste tenga bien en claro que cosas debe y no hacer durante este periodo tan delicado de tiempo.

Que sí:

- Hacer una pregunta a la vez, evite abalanzar varias preguntas sobre el sospechoso, así se evitan confusiones y pérdida de información. Además si el sospechoso duda de una respuesta, será más difícil notarlo si está respondiendo varias cosas al mismo tiempo.
- Preguntas cortas, así puede dar más tiempo al sospechoso a responder.
- Estar atento a no proporcionar información demás al sospechoso.
- Cuestionar las respuestas que se consideran vagas o falsas, no es bueno dejar cabos sueltos.
- Usar el silencio a su favor, luego de cada pregunta, o entre las respuestas mantenga el silencio y aproveche ese tiempo para observar a su sospechoso.

Que no:

- No demostrar asombro por ninguna información que se le esté proporcionando. Mientras el sospechoso menos sepa lo que piensa el investigador, mejor.
- No perder la paciencia ni volverse agresivo o amenazador.
- No realice promesas de ninguna índole a su sospechoso.
- No mentir sobre los conocimientos que tiene del caso. Por ejemplo, si usted no sabe a dónde fue el sospechoso la noche del robo de la tienda, no puede decirle que lo vieron en las vitrinas.

2.6. Métodos de interrogatorio

El método que cada investigador escoge para cada sospechoso depende de las características del sujeto a tratar y la información que se tiene de él en relación al caso.

2.6.1. Los hechos

Una forma eficaz y segura de atrapar a un sospechoso mintiendo durante un interrogatorio es contradecir su discurso con pruebas fehacientes de los hechos ocurridos realmente. Una vez el sospechoso haya contado su historia y asegurado su coartada, el investigador comenzará a tirar pruebas físicas sobre los hechos reales que han ocurrido, en este punto el sospechoso se verá obligado a excusarse o a decir la verdad.

Hay que tener cuidado con el uso de este método, ya que si el sospechoso se da cuenta que el investigador carece de cierta información, podrá mentir y manipular otras partes de la investigación.

DIAGRAMA 14

INVESTIGADOR	¿Nos dice que el jueves a media tarde, durante el robo, usted estaba en una cafetería?
SOSPECHOSO	Sí, estaba terminando unos informes.
INVESTIGADOR	Revisamos las cámaras de la cafetería esta tarde y... no hay registros de usted ese día.
SOSPECHOSO	Ah... pues allí estuve, debe haber un error.
INVESTIGADOR	Si, pero tenemos un testigo dentro de la empresa que confirma haberlo visto a las 12:45 pm del jueves, nos dice que estuvo entrando y saliendo varias veces.
SOSPECHOSO	Yo estuve en el café, debió haber sido antes de ir allá.
INVESTIGADOR	¿Cómo explica que no sale en las cámaras?
SOSPECHOSO	Ya dije que no lo sé
INVESTIGADOR	¿Tiene algún testigo que pueda confirmar que estuvo allí?
SOSPECHOSO	El camarero Johnny, es amigo mío él habló conmigo ese día.
INVESTIGADOR	Ya lo investigamos, el estuvo fuera de la ciudad toda la semana.

DIAGRAMA 14

Aquí podemos ver cómo poco a poco, soltando información verídica sobre los hechos la coartada del sospechoso de ve quebrada y comienza a dudar de su versión.

2.6.2. Emocional

En este método se utiliza una acusación directa a comienzos del interrogatorio, así el sospechoso reafirmará con una negación enfática su versión de los hechos. En este tipo de métodos el investigador debe estar atento y activo ante cualquier señal física que el sospechoso le dé. En estos casos el investigador puede interrumpir al sospechoso para llevarlo un poco más al colapso emocional que lo empuje a confesar. Si las sospechas del investigador son ciertas, poco a poco las negaciones del sospechoso irán siendo menos frecuentes y su lenguaje corporal será más apaciguado, receptivo y sumiso.

Una cosa que ayuda a los sospechosos a confesar en estos casos, es decir de forma hipotética qué y por qué fuese pasado lo que pasó si él fuese sido el ejecutor del crimen en cuestión. Es más fácil para el sospechoso comenzar a confesar si todo está dentro de un marco de suposiciones. También ocurre que si las suposiciones son mucho más intensas de lo que en realidad ocurrió, el sospechoso querrá aclarar su punto y dejar ver que su delito no fue tan grave.

DIAGRAMA 15

INVESTIGADOR	¿Usted no robo las computadoras del edificio, las del piso 5?
SOSPECHOSO	No, yo nunca robaría nada. He trabajado aquí por quince años, es como mi casa.
INVESTIGADOR	Supongamos que usted las robó, para hacer algo así un empleado de su altura debería tener buenos motivos, ¿no es así? Estuvimos investigando y resulta que encontramos algo interesante. Su hijo estuvo internado en prisión por cargos de drogas, días después del robo, el hombre que denunció retiró la denuncia.
SOSPECHOSO	Eso fue un acuerdo, yo no robe nada.
INVESTIGADOR	Estamos suponiendo tranquilo. Nuestra teoría es que su hijo está metido con traficantes, les debía un dinero y usted decidió pagarles para que pudieran dejar a su hijo libre. ¿Tendremos que investigar a su hijo? Pueden terminar ambos en prisión.
SOSPECHOSO	¡No! Mi hijo no está metido en tráfico. Él es solo un muchacho confundido. ¿Qué tiene que ver mi hijo en esto?
INVESTIGADOR	Díganos la verdad ¿Usted robó las computadoras para venderlas y sacar a su hijo, traficante de drogas, de la cárcel?
SOSPECHOSO	¡Sí! pero yo no le pagué a nadie, yo pagué la fianza, mi hijo no es un criminal.

DIAGRAMA 15

En este ejemplo vemos como la presión emocional que generan conjeturas erróneas hacen que el sospechoso llegue al límite de confesar su crimen, para demostrar que éste no es de la magnitud que los investigadores piensan.

2.6.3. Wicklander - Zulawski

Este método es una variación posterior del método emocional. Este método busca prevenir que los sospechosos se sientan en una posición en la que deben negar sus actos delictivos. Al comienzo, el investigador hará una introducción donde el sospechoso comprenda que ya todos saben de su culpabilidad, por lo tanto no hay nada que negar. Durante esta introducción el investigador además deberá estar atento al comportamiento del sospechoso, ya que mediante avance en su relato la gestualidad irá cambiando en función a su culpabilidad en diversos aspectos, así además se podrá conocer la forma criminal de cada sospechoso. Si hablamos de un robo y durante la introducción se habla de estafa, el sospechoso mostrará signos que dirán si la estafa forma también parte de su vida delictiva o no.

Dentro de este método se utiliza además la acusación suave, esto no es más que una serie de preguntas que mediante su organización el sospechoso responderá a unas claramente intencionadas en culpabilizarse y a otras un poco más camufladas, respondiendo a estas segundas con confianza dará a entender la verdad sobre las primeras preguntas. Por ejemplo: El sospechoso se mantiene callado ante la pregunta ¿Usted robó los cables de su trabajo? Pero luego revela la verdad al responder una negación a la próxima pregunta ¿Los robó durante la semana santa, cuando todo estaba cerrado?

2.7. Mentiras y tipos

2.7.1. Negaciones

Durante un interrogatorio lo más común es que el sospechoso niegue su participación en el acto delictivo. El investigador debe estar preparado y conocer las formas de negación que pueden surgir durante el interrogatorio para que el sospechoso no le lleve la ventaja y además que sepa manejarlo para llevarlo de alguna manera y con alguno de los métodos a una confesión.

2.7.1.1. Enfática

La negación enfática es simplemente el " no lo hice". Y el sospechoso se encierra en esta respuesta muéstrese la evidencia que se le muestre. Muchos interrogatorios terminan convirtiéndose en un debate sobre el sí o el no. Para evitar este tipo de conflictos es preferible que el investigador impida la negación enfática antes de que ocurra, esto lo hace a través de la lectura del comportamiento físico.

Por otro lado si la negación enfática es inminente, el investigador deberá ya conocer a su sospechoso y saber qué método utilizar eficazmente para lograr una confesión. Por esto es importante la preparación del investigador antes de entrar al interrogatorio.

DIAGRAMA 16

INVESTIGADOR	¿Entró al establecimiento durante el atraco?
SOSPECHOSO	Sí, no sabía que estaba pasado, en la entrada del local no había nadie así que pasé.
INVESTIGADOR	¿No escuchó los gritos de los empleados mientras eran arremetidos para adentrarse en las instalaciones?
SOSPECHOSO	No
INVESTIGADOR	¿Por qué estaba vestido de forma tan similar que los atacantes? ¿casualidad?
SOSPECHOSO	¡Yo no hice nada!, no pertenezco a esa banda de ladrones yo solo pasé por casualidad.

DIAGRAMA 16

2.7.1.2. Explicativa

Durante la negación explicativa el sospechoso da excusas sobre lo que ocurrió, negando todo a su vez que recrea una historia muchas veces falsa o adornada con mentiras. Aquí el sospechoso busca no ser marcado como mentiroso de buenas a primeras. En algunos casos, por ejemplo, el sospechoso puede aceptar haber ido a la oficina el día que robaron los cables, pero dice que se fue temprano, antes del incidente.

En estos casos el investigador no busca refutar estas afirmaciones, ya que pueden llevar a distancias el interrogatorio de su punto inicial. El investigador aceptará este tipo de afirmación y continuará con algún otro método que pueda serle útil para cambiar la historia o disminuir las negaciones del sospechoso.Otro tipo de esta negación es aludir a las razones por las cuales él como sospechoso jamás haría algo así, "Yo no robaría los cables, en mi casa tengo de sobra"

DIAGRAMA 17

INVESTIGADOR	¿No conocía a profundidad a María?
SOSPECHOSO	No, para nada. Ella era solo una pasante de la empresa casi no hablamos.
INVESTIGADOR	Nos dijeron que fue su supervisor el primer día que ella llegó.
SOSPECHOSO	Sí, claro. Es decir, yo era el más indicado. Soy del personal más confiable en Recursos Humanos. Pero ella, la verdad, no me parecía una muchacha centrada. Podría decir y no es por hablar mal de los muertos pero, era un poco alocada, ella se insinuaba a muchos y yo por mi parte, soy un hombre bastante tranquilo y preferí ahorrarme esos problemas.
INVESTIGADOR	¿Afirma que ella tenía actitudes promiscuas en la empresa?
SOSPECHOSO	Si si, conmigo nunca no. Ella me tomó muy enserio desde que me vió me imagino que es por mi cara sabe, no soy de relajarme dentro del trabajo. Pero si ella solía coquetear con varios.

DIAGRAMA 17

2.7.2. Por omisión

Esta es la más fácil de utilizar y muchas veces la más difícil de detectar cuándo el investigador no conoce qué es lo que se está omitiendo. El sospechoso relata los sucesos omitiendo ciertas partes de lo ocurrido donde pueda implicarse. Por otro lado, si el investigador tiene datos que el sospechoso no menciona, éste puede solo decir que olvidó esa parte el momento y no habría forma de probarle lo contrario. Es aquí, nuevamente, trabajo del investigador llegar a una fórmula para que el sospechoso logre hablar. Por ejemplo, si el sospechoso cuenta exactamente cómo fue el día del robo de cables, pero en lugar de relatar el momento que fue a robarlos, simplemente continua con que luego de almorzar fue a la oficina, está omitiendo efectivamente que robó los cables. El investigador, suponiendo que tiene pruebas, le demuestra que hizo una parada en la oficina de un compañero durante ese periodo, él simplemente dirá " lo olvidé".

2.7.3. De fabricación

Este tipo de mentiras son completamente planificadas y creadas desde cero sin relación con la verdad. Si bien no todos los sospechosos acuden a este tipo de mentiras, ya que requieren un nivel de inteligencia elevado y una muy buena memoria, sí que hay sospechosos capaces de crearse una historia totalmente ajena a la realidad, y que además sea convincente. Este tipo de engaños tiene una gran falla, y es que necesita de pruebas para confirmarse, pruebas que claramente no existen o fueron creadas falsamente. En caso de documentos es fácil descubrir cuándo uno es falso, en caso de testimonios de otros conspiradores, muchas veces pueden llegar a contradecirse en varios puntos según los investigadores encargados vayan preguntando a ambos conspiradores.

. . .

Estas mentiras, una vez son descubiertas como tal, son fáciles de llevar a inculpar al sospechoso, ya que al inventar una historia desde cero revela claramente la ansia por ocultar la verdad, y el simple hecho de mentir con tal magnitud ya le permite a las autoridades intervenir con el sospechoso.

2.7.4. Minimización

En este tipo de mentira, el sospechoso admitirá una pequeña parte de la culpa, pero no admitirá el entero del delito, creyendo que con esta muestra de confianza el investigador se tranquilizará y lo eliminará como sospechoso del caso. El investigador tiene que estar atento a este tipo de mentiras, ya que si cae en la trampa puede perder todas las posibilidades de resolver el caso.

PROCESO DE ENTREVISTAS E INTERROGATORIOS

DIAGRAMA 18

INVESTIGADOR	**SOSPECHOSO**
INVESTIGADOR	¿Sí vió cuándo varios de los empleados estaban sacando las impresoras?
SOSPECHOSO	Si los ví, pero no pensé que estuviesen haciendo nada malo
INVESTIGADOR	¿De qué departamento eran los empleados?
SOSPECHOSO	De limpieza
INVESTIGADOR	¿Usted asumió que hacían su trabajo?
SOSPECHOSO	Sí claro, incluso ayude a un de ellos a bajar la impresora por la escalera. Me pareció raro que no usaran el ascensor pero no me detuve a pensar en nada de eso, iba apresurado.
INVESTIGADOR	¿Si colaboró con el desalojo de las impresoras?
SOSPECHOSO	Yo no usaría la palabra colaboración, yo no sabía lo que hacían solo ayude como ayudo a cualquier empleado.

2.7.5. Exageración

Estas mentiras durante los interrogatorios normalmente son usadas para darle más relevancia a otras personas o a otros momentos alejados del suceso del crimen original realizado por el sospechoso. Por ejemplo, el sospechoso está relatando una discusión entre otro empleado y el jefe, tratando de ponerla de forma tal que esta discusión llame más la atención del investigador que el sospechoso mismo, llevando al investigador por otro camino lejos del verdadero ejecutor del crimen.

DIAGRAMA 19

INVESTIGADOR	SOSPECHOSO

INVESTIGADOR	Podría decirnos lo que ocurrió esa noche en el bar.
SOSPECHOSO	Bueno ya lo he dicho. Estaba con mis amigos, un grupo de jóvenes como de veintitantos entró bastante alborotado, varios nos quejamos e incluso pensamos en irnos pero decidimos quedarnos porque no había suficiente gasolina. Esos jóvenes causaron un alboroto enorme, tenían casi toda la barra acaparada y era hasta difícil pedir un trago.
INVESTIGADOR	¿Vio que estos jóvenes se acercarán a la muchacha que desapareció?
SOSPECHOSO	Si si, de hecho pensaba yo que estaban con ella. Ella también era bastante alborotada. Trató de hablarnos a mis amigos y a mí un par de veces, tomamos una cerveza pero nada más. Enseguida volvía con estos muchachos que cada vez estaban más borrachos.
INVESTIGADOR	¿La vio a ella muy borracha en algún punto?
SOSPECHOSO	Si si, ella estaba borracha desde muy temprano. Creo que antes que todos los demás. Ellos cuando se fueron la tenían sujeta de los brazos y bueno parecía que la querían ayudar yo nunca pensé nada malo. Ellos eran muy escandalosos y yo más bien feliz de que salieran por fin. Sin duda fueron ellos los que la secuestraron, los vi llevarla a la calle.

DIAGRAMA 19

2.8. Confesión

La confesión es aquel testimonio que nos da el ejecutor del crimen sobre los hechos y su participación en ellos. A diferencia de la declaración, lo cual es un relato de lo ocurrido o sobre algunas otras cosas e interés, la confesión lleva consigo la resolución de los hechos, el qué, cuándo, dónde, cómo y sobretodo el quién. Una confesión debe ser hecha por el ejecutor del crimen o por algún cómplice. Pero no se considera confesión el que algún tercero asegure que vio al sospechoso realizar los crímenes, esto es solo una declaración.

Para el investigador deben estar claras las razones por las que un sospechoso en particular no quisiera confesar: perder el empleo, tener que pagar multa, su familia, su puesto de trabajo, etc. Él conocer los riesgos que corre el sospechoso al confesar ayudará al investigador a manejar al sujeto en cuestión durante la interrogación.

2.8.1. Respaldo de la confesión

Al igual que ocurre con las declaraciones, el investigador debe asegurarse de tener un respaldo el momento exacto de la confesión del sujeto. No puede dejar nada al aire ni a su memoria. Ya que el sospechoso puede cambiar de idea luego, negar que confesó o negar que lo hizo de tal manera. En algunas ocasiones los sospechosos también pueden alegar que confesaron en contra de su voluntad algo que no era cierto, debido a algún tipo de amenaza o maltrato policial. Para evitar todos estos conflictos, es mejor dejar grabado en video o por lo menos audio, el momento de la confesión.

10

EL TIEMPO Y MOTIVO

Como se mencionó en capítulos anteriores, toda investigación busca responder las preguntas bases quién, dónde, cuándo y cómo. Él cuando de una investigación hace referencia al tiempo, tema que vamos a tratar a profundidad en este capítulo. En muchos casos el cuándo del crimen no se tiene del todo claro al comienzo de la investigación, aunque se pueda tener una delimitación del tiempo, es importante tener este factor lo más preciso posible, ya que de allí se podrían hilar otros factores y testimonios para determinar un culpable. Por ejemplo, si se robaron unas placas dentro de la empresa, es importante saber el día y la hora en que esto ocurrió, ya que así se podrá saber qué personal estaba operando durante el robo y así tener posibles sospechosos y testigos.

Incluso si no se logra obtener un tiempo preciso, es importante tener un tiempo estimado. Sí la oficina cerraba a medio día, y las placas estaban allí pero desaparecieron luego del cierre nocturno de la empresa, podemos decir que el robo ocurrió entre la 1:00 pm y las 6:00pm. Estos lapsos de tiempo, aunque no es preciso cómo decir que el robo ocurrió a las 5:30pm, ayudan a determinar el quién y en ocasiones el cómo.

1. Determinar el tiempo

1.1. Tiempo evidente

Este tipo de tiempo en la investigación es más común de lo que se cree, el tiempo obvio es aquel que se determina prácticamente por sí solo en la escena del crimen. Muchas veces estos tiempos evidentes son más fáciles de determinar cuándo hay un cadáver en la escena, y es que por el estado del cuerpo se puede determinar casi de inmediato el tiempo aproximado o exacto del crimen. Si encuentran un cuerpo en el cuarto de limpieza de una oficina, la sangre seca o fresca puede determinar si el asesinato se hizo durante estas horas y si lleva cierto tiempo de realizado, posteriormente una autopsia determinará con mucha más especificidad el tiempo del asesinato.

También se puede encontrar el tiempo evidente en archivos de seguridad. Si ocurrió el robo de algún objeto importante que estaba encerrado bajo seguridad, se puede detectar a través del sistema la última vez que alguien ingresó al área, normalmente esto nos dará una hora exacta. En otras ocasiones, quizás más relacionadas con lo fortuito o la casualidad, pueden quedar rastros en la escena de la hora exacta del crimen, como por ejemplo, un accidente de auto donde el reloj del conductor se rompe por el choque y queda grabada la hora en la que ocurrió el accidente.

Otra fuente de información sobre el tiempo evidente puede encontrarse en registros guardados o inclusive echados a la basura. Normalmente en las empresas o negocios se llevan registros escritos de todo lo ocurrido allí dentro por mínimo que sea, desde el papeleo tradicional hasta si un empleado salió antes o después de su turno. Estos documentos son importantes revisarlos con detenimiento ya que pueden contener información que no parece estar relacionada pero pueden resolver incógnitas. Por ejemplo, Si un empleado se robó las placas de la empresa, debe quedar algún registro de los empleados que tienen acceso a las placas, teniendo este listado se busca quienes estuvieron de turno durante los días de la desaparición, e indagando en los registros de entrada y salida se busca alguna anormalidad. Si un empleado salió el lunes a las 5:30pm y otro entró al día siguiente a las 7:00am y reportó la desaparición, lo deducible es que el robo fue realizado entre las 5:30pm a 7:am del día siguiente.

1.2. Variantes del tiempo

En estos casos se hace referencia a crímenes, normalmente robos, que se repiten. Si un robo tiene repeticiones es importante notar las variaciones de tiempo que este puede tener, ¿ocurren siempre durante la noche, la mañana? ¿ocurren días en especifico, varia cada semana? todas estas preguntas son importantes cuando los robos se producen más de una o dos veces. Conociendo si existe una variante de tiempo se puede determinar sospechosos y el posible modus operandi del criminal.

El robo de dinero en efectivo suele ser bastante común en locales comerciales, aquí es necesario tener un registro de la entrada y salida de este dinero, bien sea por caja registradora y algún otro método confiable. Una vez se nota la ausencia del efectivo, se revisan estos registros de comienza a determinar la posible brecha de tiempo dónde se llevó a cabo el robo.

1.3. Registro de incidentes

Este tipo de registros son aquellos que demuestran en físico la fecha y hora en la qué ocurrió el crimen. Este tipo de registros pueden ser cámaras de seguridad, fotografías o recibos. Para esto es importante que el investigador se mantenga sumamente atento a los detalles. Por ejemplo, si hablamos de un secuestro donde se tiene de prueba una fotografía de la víctima, enviada como amenaza por sus secuestradores, se querrá saber si la fotografía es vieja para determinar la posibilidad de que la víctima siga con vida. Se debe observar detenidamente la fotografía para encontrar algún indicio que demuestre el tiempo en que esta fue tomada. algún reloj, aparato electrónico u otro objeto que pueda determinar la fecha.

1.3.1. Tipos de registros de incidentes

1.3.1.1. Control de acceso

Se refiere a los registros que se hacen de forma automatizada o manual de la entrada y salida de personal a las instalaciones, o incluso a otros lugares que no sean el lugar de trabajo donde se cometió el crimen. Estos registros se pueden llevar a cabo por medio de listas escritas manualmente, estas normalmente son las menos confiables, también por medio de tarjetas de identificación, por registro de huellas dactilares o códigos especiales.

1.3.1.2. Servicio de alarma

Si durante el incidente se activa alguna alarma anti-incendios o anti-rrobo en ésta queda el registro de su activación así haya sido desactivada al momento. El revisar sus registros puede ofrecer una fecha y hora exacta del posible robo.

1.3.1.3. Cajero automático

Estos pueden facilitar variedad de información, más allá de la fecha y hora de las transacciones, también ofrece la ubicación, las cuentas bancarias y la cantidad de dinero que se movilizó.

1.3.1.4. Cuentas bancarias

Las cuentas bancarias ofrecen toda la información sobre movimientos de cuenta y la fecha exacta de estos. Si el robo se llevó a cabo por fraude bancario, esta será una forma precisa de conocer el tiempo del crimen, y además de eso, la cantidad de movimientos, la cantidad de dinero y las cuentas a las que fue desplazado.

1.3.1.5. Agendas

Las agendas muestran las fechas y horas de las actividades que se realizan, muchas veces también se incluye la dirección del lugar de encuentro. Esto ayuda a determinar la ubicación de las personas en determinado tiempo.

1.3.1.6. Telefonía

Al contactar con la telefonía se pueden conseguir los registros de llamadas, mensajes uso de datos móviles e historial de navegación, y a veces ubicación de la persona. Todos estos registros tienen fecha y hora exacta.

1.3.1.7. Correo electrónico

El correo electrónico muestra los mensajes enviados, recibidos, reenviados y leídos con fecha y hora de cada uno. También se puede detectar el lugar del último acceso con fecha y hora.

1.3.1.8. Rondas de guardia / cámaras de seguridad

Hay instalaciones donde se registra electrónicamente el lugar y la hora donde se encuentran los empleados, esto ocurre a través de tarjetas de accesos u otras tecnologías. Lo más usual es el uso de cámaras de seguridad que se distribuyen a lo largo de las instalaciones, estas tienen además de la imagen que registra lo sucedido, la fecha y la hora.

1.3.1.9. Estacionamientos

Los tickets que se proporcionan en los estacionamientos muestran la fecha y hora de la entrada y salida del vehículo.

1.4. Tiempo por eventos

Durante una investigación es natural este tipo de determinantes del tiempo. Se refiere a cuando el investigador se guía de los eventos que ocurrieron durante cierto periodo de tiempo, este puede ser corto o largo. La construcción del tiempo por eventos puede referirse a las actividades realizadas en un solo día, como reuniones o limpiezas de pasillo, como de forma más extensa en el tiempo como puede ser la cena de navidad o la celebración del aniversario de la empresa.

Este tipo de construcción no necesariamente se tiene que centrar en el área de trabajo, si se está investigando un sospechoso en particular se puede trasladar a la vida de esta persona. Sus citas médicas, su cumpleaños, sus días libres, etc.

Conociendo estos eventos se puede llegar a una guía del tiempo en el que se llevó a cabo el crimen y muchas veces ayuda a explicar también el motivo del mismo. Por ejemplo. Tenemos a un empleado sospechoso de robar la caja registradora, al indagar en los eventos cercanos de su vida personal nos encontramos con que su hija necesita una operación urgente de un costo de 5.000 dólares, revisando el registro de pérdida encontramos que es el mismo monto que ha sido robado. Allí tendríamos una motivación para realizar el robo y además el tiempo en el que lo realizó, antes de la operación de su hija.

1.5. Predeterminación del tiempo

En esta sección trataremos de dar ciertas pautas para que la empresa pueda tener un registro del tiempo efectivo antes de que ocurran los crímenes. Es importante en cualquier establecimiento sea grande o pequeño tener seguridad y la mejor forma de tenerla es una buena vigilancia que no sólo recaiga en una persona sino que tenga respaldo electrónico.

Es importante:

- Tener un control de entrada y salida del personal, convenientemente por medio de huella digital, ya que otro tipo de identificación puede ser robada o falsificada.
- Tener un circuito cerrado de cámaras de seguridad, enviando copias de respaldo continuamente a otro servidor de difícil acceso.
- Tener sistema de conteo, bien sea de dinero o cualquier otro objeto de interés.
- Tener circuito de alarmas antirrobo.

2. El motivo, el por qué

El motivo refiere al porqué del crimen. Es la parte intrigante de toda la investigación. El investigador debe tener en cuenta que los motivos aparentes que pueda tener un criminal no siempre es el motivo real. Para que un investigador pueda ahondar por estas áreas y no cometer el caótico error de ver motivos donde no los hay, es necesario que tenga conocimientos amplios en psicología y en algunos casos es necesario tener el apoyo de un profesional de la salud mental que ayude a escarbar en la mente de los sospechosos.

Para tener una buena resolución del caso, es necesario tener el móvil/motivo del criminal. Cuando se tiene esta pieza clave se logra armar todo el caso de manera homogénea. Las grietas o dudas que puedan quedar se difuminan, el acusado no tiene forma de alegar a su inocencia, una vez el motivo es revelado y se tiene pruebas del crimen, el caso está terminado.

Sin embargo, como ya se mencionó, el motivo no puede ser sacado de la nada, detrás de esta parte de la investigación hay un gran camino que recorrer. No se pueden llegar a conclusiones apresuradas ya que podría significar él desvió y la pérdida de la investigación. Como también no se puede creer que por tener el motivo del criminal ya se ha resuelto la investigación, hay que recordar que la investigación criminal no se sostiene por conjeturas, sino por pruebas contundentes.

2.1. Motivos del robo

2.1.1. Deseo o necesidad

Cuando se categoriza como deseo o necesidad una motivación, mayormente se refiere a que el origen surge de un problema por parte del individuo, este problema, cuando nos referimos a un robo, normalmente es financiero. Dentro de los problemas financieros sin embargo existen diversos problemas que pueden incitar a alguien a robar.

Con lo referente a la motivación por deseo, puede ser el deseo de superación económica, el deseo a algún objeto, puede ser un carro, una casa, consumo de drogas. Normalmente la motivación por deseo suele ser más banal que la motivación por necesidad, por lo que el robo pasa a ser una salida fácil y el criminal puede estar más propenso a realizar robos constantemente. Como investigadores este punto es clave, ya que si el motivo del crimen es un deseo banal de adquisición de objetos, es posible que estos robos se repitan indefinidas veces, es importante entonces atrapar a este criminal cuanto antes.

Cuando la motivación se mueve por la necesidad, refiriéndonos a la necesidad financiera, puede ser referido a problemas de salud que requieren grandes gastos, deudas, etc. Cuando un robo nace de la necesidad normalmente no se vuelve a repetir, ocasionalmente es un robo grande y no vuelve a ocurrir.

2.1.2. Racionalización

Cuando se dice que un ladrón racionaliza su robo, se refiere a que busca excusas para hacer parecer que el robo realmente no es tan malo como parece.

Por ejemplo, si un empleado descubre que su jefe ha estado haciendo negocios fraudulentos, que los ingresos de la empresa provienen de fraudes y robos, se puede tomar esto como razón para él robar de igual forma. No es tan malo ya que el dinero proviene de fraudes, por ende, quitárselos al estafador principal no es tan malo. Hasta puede desviarse la historia y transformarse en una especie de Robin Hood.

2.1.3. Motivos ocultos

Los motivos ocultos son los mas difícil de descifrar. Muchas veces hay aparentes motivos superficiales que pueden conducir a un criminal a robar, pero en ocasiones esos motivos no son más que cortinas de humo para ocultar el motivo real, que ocasionalmente oculta otros crímenes o situaciones delicadas para el ladrón.

Por ejemplo. Un empleado puede robar una cantidad grande de dinero en efectivo. Su motivación puede indicar que trataba de sacar a su hijo de la cárcel pagando la fianza. Pero realmente pudo haber robado el dinero para pagarle a los mafiosos a los cuales sus hijos les debe dinero de drogas. Como ven, un crimen termina conduciendo a otro crimen mayor, en este caso un robo lleva hasta el problema del tráfico de drogas, cuando ambos conflictos parecían no tener relación entre sí. Hace falta investigar a profundidad cada pista para llegar a la motivación real de los crímenes.

Brandstater y Hyman, citados por Tsukayama y Sennewald, nos dicen:

> "Los motivos a menudo se descubren al determinar quién se benefició con el crimen", es decir (...) quién puede conducir al por qué. Sin embargo, una vez más, aunque el investigador puede tener tanto interés como importancia en conocer el motivo, tenemos algunos problemas con el grado de importancia que se tiene para saber por qué, cuando ya sabemos quién, particularmente en el sector privado donde hay recursos administrativos. así como judicial. Es agradable, incluso útil, saber por qué; Es esencial saber quién "

2.1.4. Oportunidad

Hay casos donde la motivación del criminal es simplemente el tener la posibilidad de realizar el robo. Aunque la oportunidad no es una motivación perse, si puede llegar a hacer pensar a las personas que deben hacerlo simplemente porque pueden hacerlo. Este tipo de motivación puede significar que el criminal no tiene buena formación moral e incluso puede significar que puede realizar más que robos, incluso homicidios. Este tipo de razonamiento es sumamente peligroso en la mente criminal, ya que consideran que pueden o deben hacer cualquier cosa simplemente porque tienen la oportunidad.

11

FUENTES DE INFORMACIÓN Y SOSPECHOSOS

Para llegar a identificar a un sospechoso, es importante que el investigador tenga la mente abierta y esté alerta a cualquier pista que pueda surgir, por más insignificante que parezca. En el campo de investigación delictiva es importante que el investigador mezcle su intuición con las ciencias exactas de la investigación.

Durante la investigación pueden surgir diversos sospechosos, y es importante ir eliminando nombres de la lista. para esto se deben detectar y analizar todas las pruebas que estén al alcance. Durante este proceso no se puede perder el control y la secuencia de los acontecimientos, ya que es crucial que el investigador tenga todas las ideas claras sobre lo que ocurre u ocurrió en torno al crimen.

1. Determinar el quién y el dónde

Toda investigación delictiva se centra en la búsqueda de una identidad, de un quien. Para llegar hasta esta persona es importante conocer el caso en su totalidad. Llegar hasta el criminal implica conocer todo lo que ocurrió a su alrededor antes de saber quién es.

El crimen en sí puede dar una señal del quien lo ha cometido. La forma de robo, o la forma del delito mismo muchas veces indica el tipo de personalidad que tiene la persona.

Por ejemplo. Si un robo se lleva a cabo durante horas laborales donde la mayoría del personal está dentro de la empresa, quiere decir que el criminal está seguro de sí mismo, es una persona confiada y con capacidades de engañar y mentir. Por otra parte, si un robo ocurre en horarios poco concurridos e incluso durante horas no laborales, la persona es más planificada y cuidadosa.

El donde hace referencia a diversas cosas, dependiendo del caso la pregunta de dónde puede variar. Si ha sido un robo de bienes se puede hacer la pregunta de dónde están esas cosas, si fue un secuestro, dónde está la persona secuestrada y sus secuestradores. Dependiendo de las respuestas a estas preguntas, se buscará el donde encontrar la información necesaria para resolver los casos.

Por ejemplo. Si ocurrió un robo de computadoras en una empresa, y se logra saber la ubicación de éstas, a partir del lugar donde han sido encontradas se puede buscar información sobre cómo llegaron allí y quién las llevó. Si las computadoras fueron encontradas en una bodega alquilada en una urbanización específica, se puede comenzar a investigar por la zona. Buscar testigos, informes de alquiler de la bodega, registros de cámaras de seguridad y listado de taxis.

2. Técnicas de investigación

2.1. La eliminación

Los sospechosos suelen ser personas allegadas al afectado, bien puede ser la víctima, el dueño de la empresa o quién quiera que sea. Los sospechosos rondan alrededor sin que las personas comunes se den cuenta, pero el investigador debe detectarlos. Si el dueño de una empresa es el afectado del robo es natural creer que su asistente, secretaria o aprendiz está inmiscuido dentro del robo, fuera de su ámbito de trabajo también puede existir gente interesada en robarle, sus hijos, esposa, su amante, etc.

Al comienzo de toda investigación hay variedad de sospechosos, tanto personas que podrían tener razones como las que aparentemente no. Por eso al comienzo es importante que el investigador sepa descartar sospechosos. Para hacer esto el primer paso es llevar a cabo entrevistas, pedir pruebas y coartadas de cada uno de los sospechosos.

Pero no solo a través de testimonios se descartan sospechosos, también a travez de la investigación de su vida diaria. A dónde van, con quienes, su familia, etc. Cada sospechoso debe ser investigado a fondo hasta que no existan dudas de su inocencia. Es importante que las coartadas sean válidas y demostrables por un tercero o algún registro. Si el sospechoso no es capaz de mostrar una coartada fiable no se puede descartar, ya que el mentir sobre qué hacía o dónde estaba durante el crimen es razón para mantenerlo bajo vigilancia.

2.2. Evidencia física

Hay casos que, afortunadamente, no necesitan una eliminación de sospechosos. En ocasiones el análisis adecuado de evidencia física en la escena del crimen es suficiente para detectar al criminal del caso.

Si se trata de un caso de robo de bienes, como unas computadoras, el análisis de evidencia dentro de la escena puede descifrar todo por sí misma. Si la escena del crimen es en una oficina, es bueno buscar entre los registros de acceso y de entrada y salida. Buscar huellas o posibles rastros de ADN como cabellos también es importante, a pesar de que el lugar estará lleno de ADN de todos los empleados, en ocasiones puede haber rastros en lugares poco comunes como grietas. Si el ladrón se llevó las computadoras debió haberlas cargado, en medio del transporte pudo haberse tropezado y rasguñado con alguna esquina de mueble o pared, por eso hay que revisar cada rincón con detenimiento.

3. Entrevista investigativa

Cuando la recolección de evidencia física dentro de la escena del crimen no es suficiente como para determinar lo ocurrido o encontrar un sospechoso, se procede a realizar las entrevistas investigativas, unos puntos más arriba se describió a detalle lo que debe ocurrir durante este proceso.

Por ejemplo. Si durante la recolección de evidencia en el robo de las computadoras no se obtuvo mayor información. Se procederá a realizar entrevistas a los empleados del área, principalmente a los que estuvieron trabajando cerca del área durante el tiempo que se estima el robo. Con los vigilantes y encargados de seguridad, con el encargado del estacionamiento y otros. A veces hay testigos voluntarios que quieren dar información que consideran prudente, muchas veces son de gran ayuda pero otras solo son extensión de rumores de oficina que hay que evitar que contamine la investigación, siempre sin dejar de tomarlo en cuenta.

4. Fuentes de información

Al momento de recolección de información el investigador debe tener en claro qué cosas necesita saber y a dónde ir para averiguarlo. Dependiendo del caso la información que se necesita es distinta y se consigue en lugares diferentes.

Si se tiene un sospechoso, y se cree que éste actuó en compañía, es bueno revisar sus registros telefónicos, correo electrónico entre otros. Si las computadoras robadas aparecieron en una bodega alquilada, solicitar los registros de alquiler de la empresa es un paso crucial en la recolección de información.

4.1. Bancos y compañías de préstamos

Anteriormente hemos mencionado la importancia de la información que se puede obtener de los bancos, otra vez hacemos mención a esto. De los bancos se puede conocer los movimientos de las cuentas bancarias, la cantidad de dinero, las fechas y las personas asociadas a cuentas.

En las compañías de préstamos, se guarda cierta información que puede ser bastante útil para la investigación. En estas solicitudes se muestran los datos de empleo y otras fuentes de ingresos, las propiedades y su ubicación, los términos del préstamos y las cantidades adeudadas o abonadas y las fechas.

. . .

Si nuestro sospechoso tenía una de estas deudas, y el robo coincide con uno de los pagos de cuotas podría existir un buen indicio de que, en efecto, el sospechoso es el criminal.

4.2. Fideicomiso

El fideicomiso se maneja de diversas formas según la persona. Normalmente es una transacción donde el dueño de ciertos bienes son traspasados a un tercero para que lleve el manejo. En estas empresas normalmente se guarda gran cantidad de información con respecto a las transacciones, pagos y transporte de bienes.

4.3. Telefonías

Las empresas de telefonía son una buena fuente de información, ya que a través de ella se puede conocer los contactos, las llamadas y los mensajes de los sospechosos. Conociendo esta información muchas veces se encuentran pruebas fehacientes del crimen, como mensajes incriminatorios.

4.4. Empresas de almacén

Estas empresas, aunque no estén directamente implicadas en el crimen, poseen información importante. Si el sospechoso posee un almacén en alquiler, se puede acceder a la información sobre sus bienes guardados y el uso que se le da a este almacén. En varios casos de homicidio los asesinos poseen almacenes en alquiler donde guardan desde pruebas hasta cadáveres, lo mismo puede ocurrir con robos y otro tipo de crímenes.

4.5. Seguros

Sobretodo en casos de robo de efectivo y asesinatos, las empresas de seguro son fundamentales para adquirir información. Muchas veces los móviles de asesinatos ocurren por un interés económico. Cuando ocurre una muerte, la familia inmediata del fallecido suele tener una remuneración económica por parte de una compañía de seguros de vida, en estos casos es importante verificar la información, el dinero fue reclamado, cuánto tiempo después, desde cuándo existe ese seguro y si hubo algún cambio de beneficiario los últimos meses.

4.6. Funerarias

Las funerarias manejan información relevante con respecto al difunto, a los responsables de la organización de los funerales y otros datos que en algunas investigaciones pueden ser relevantes.

4.7. Alquileres de autos o transporte

Las compañías de alquiler de autos a veces se ven involucradas en problemas de robo o secuestro. Cuando los criminales se van tras un robo pueden optar por alquilar un auto o transporte en lugar de usar sus carros particulares. Estas empresas pueden dar información sobre fechas, hora nombre y datos de las personas que alquilan.

4.8. Inmobiliarias

Estas empresas ofrecen información sobre hipotecas y otras deudas asociadas a bienes inmobiliarias. También dan descripciones detalladas acerca del estado de las casas, su historia, sus antiguos propietarios y otros datos que puedan ser de interés.

4.9. Hospitales

Los hospitales contienen información de seguros de salud, información personal sobre el paciente, sus tratamientos y su historial médico.

4.10. Cámara de comercio

Las cámaras de comercio tienen información sobre estafas y negocios fraudulentos. También guardan este tipo de informaciones relacionadas con empresas o negocios. En muchas oportunidades es posible que de este tipo de información se logre crear una relación con el sospechoso, sobretodo y éste a repetido sus actitudes criminales dentro de otros trabajos.

5. Gobierno local: fuente de información

Las agencias de gobierno en todos sus niveles contienen información crucial que muchas veces no se consigue en empresas privadas. Esta información puede estar limitada en este tipo de fuente de información, ya que la privacidad y confidencialidad es mucho mayor y complicada de saltar. Las fuentes de este tipo que se pueden consultar son:

5.1. Recaudadores de impuestos

Los recaudadores de impuestos tienen registros y datos sobre los contribuyentes de propiedad, descripciones legales, la situación del impuesto, las moras, y todos los dato pago existentes.

5.2. Registros de condado

Estos registros tienen toda la información con respecto a documentos de nacimiento, matrimonio fallecimiento, testamentos y herencias, hipotecas, inmobiliario y otro tipo de documentación. Estos registros suelen tener descripciones bastante extensas sobre cada documento, dando lugar a que ningún detalle pase desapercibido. Este tipo de información descriptiva es de mucha utilidad para los investigadores.

5.3. Registro electoral

En estos registros encontramos no solo los datos básicos de los inscritos sino también su dirección actualizada, número telefónico, partido político, y si posee o no algún tipo de discapacidad tanto física como mental.

5.4. Bienestar social

En estos registros se encuentran los detalles de todos los trabajos que ha tenido una persona, tanto la fecha, el cargo y el salario. También se encuentran detalles de los familiares directos de la persona y su estado de salud actual como su historial.

5.5. Registros penales

Se tiene información detallada sobre cualquier acto delictivo que pudo haberse cometido. Desde actos menores hasta mayores, con fecha y detalles sobre el hecho ocurrido, también información específica sobre la condena o la fianza pagada.

6. Gobierno estatal: fuente de información

Estos departamentos tienen información y archivos extensos y específicos sobre corporaciones, empresas y en algunos casos hasta individuos. Estos registros son, normalmente, de fácil acceso para la persona común.

6.1. Controlador

Esto refiere a los endeudamientos que se tiene como persona natural o jurídica con el estado. Aquí información sobre los préstamos, las deudas y otro tipo de información financiera relacionada con el estado.

6.2. Secretaria de estado

Aquí se mantiene el registro de empresas e iglesias que han cambiado de nombre legal, como también el registro de todos sus artículos y bienes.

6.3. Departamento de control de bebidas alcohólicas

En estos departamentos se guardan expedientes de las personas relacionadas con problemas de alcohol. Tanto sus conflictos legales e interpersonales como datos específicos como dirección y número telefónico.

7. Otras fuentes

7.1. Información online

Actualmente mucha de la información dada anteriormente se puede encontrar de manera digital en internet. Pero no son las únicas fuentes que se pueden encontrar en este mundo virtual, aquí abajo se mencionan otras fuentes que se pueden consultar vía internet.

7.1.1. Periodismo

En revistas digitales, artículos de blog y otro tipo de periodismo digital se puede encontrar información sobre un tema o acontecimiento en particular.

7.1.2. Periódicos nacionales y extranjeros

Similar a lo que ocurre con las revistas digitales, se pueden encontrar periódicos digitales tanto nacionales como internacionales que tengan una noticia o algún artículo en particular de interés para la investigación.

8. Registros del gobierno

8.1. Base de datos

Estas bases de datos son posibles de obtener por empresas a las cuales te suscribes. Poseen registros tanto privados como públicos y son bastante extensos en detalles, inclusive números telefónicos y direcciones. Se puede conseguir base de datos de empresas, condominios e incluso personas naturales.

8.2. Guías de investigación

Cuando un investigador está trabajando en un caso donde no maneja bien el tema en cuestión, es importante que investigue sobre el tema, no solo el caso particular. Para esto muchas veces solo con investigar un poco en los navegadores comunes de internet es suficiente, pero muchas veces se necesita una investigación más extensa y específica, es aquí cuando una guía de investigación ayudará al individuo a organizarse mejor y saber dónde y cómo buscar, para llevar a cabo una investigación más óptima del tema.

12

LOS ANTECEDENTES Y LOS CRÍMENES

1. Los antecedentes

Con antecedentes en el ámbito empresarial, haremos referencia más que todo a la examinación de los empleados antes de ser contratados. Este proceso es de suma importancia para cualquier negocio o empresa, ya que él conocer a los empleados, su pasado laboral, en ocasiones pasado penal, es determinante para saber la calidad de empleado que se tendrá. Para contratar a una persona es importante conocer las condiciones de vida, sus experiencias laborales anteriores y cómo se desarrolló durante estas.

Normalmente una persona durante la entrevista de trabajo no hablará sobre los factores negativos de su vida o su trayecto laboral. Es normal que se mencionan únicamente las cosas positivas, en ocasiones inventadas, exageradas o sacadas de contexto. Por esto es importante una investigación de los aspirantes, si es un currículum aparecen los números de sus anteriores trabajos, de sus escuelas o universidades, es necesario llamar, corroborar información y pedir alguna extra que puedan tener.

Algo tan sencillo como una buena revisión del currículum puede prevenir diversas cuestiones incómodas o peligrosas dentro del área de trabajo. Por ejemplo:

Si estamos contratando un técnico para que maneje maquinaria pesada en una construcción, y en su currículum aparecen varias experiencias laborales, llamando a todas ellas nos darán información de su desempeño. Y si resulta que en su último trabajo el técnico en cuestión no estaba atento a la construcción y derribó a sus compañeros dejándolos gravemente heridos. Esta información proporcionada por marcar un número telefónico puede prevenir la repetición de situaciones caóticas.

2. El lugar de trabajo y la violencia

Los empleados de una compañía, con el paso de los años, se convierten en posibles abusadores y personas de riesgo para otros empleados. Aunque esto no ocurre con frecuencia, la psicología ha demostrado que el ambiente de trabajo está lleno de presiones incontables, de competencias y riñas. Estos factores pueden afectar a unos más que a otros, y afectar de diversas formas: terminando en depresión, en renuncia, en agresividad.

Es importante mantener un ambiente laboral agradable, no solo por parte de los superiores como gerentes o supervisores, sino asegurarse de que entre los empleados de menor categoría exista también un respeto y una solidaridad. En caso que los intentos de la compañía por aplacar las riñas o las presiones no funcionen, es necesario actuar de inmediato antes de llegar a situaciones de riesgo.

Este tipo de violencia se ve mucho en cuanto a empleados de menor rango hacia su jefe directo, supervisor o gerente. También entre empleados que buscan un mismo puesto o una misma ruta de crecimiento laboral. La violencia no se detiene solo en insultos o malos tratos dentro del área laboral, sino que puede expandirse a la convivencia social y a las calles, donde puede terminar incluso en homicidio.

El peligro no se limita sólo a envidias, ira o competencia laboral. También está el factor e violencia de género, normalmente del hombre hacia la mujer. En el trabajo, incluso hoy en día, es bastante común el acoso laboral y sexual hacia las mujeres. En la mayoría de los casos esto no es reportado por la víctima, y otro gran número que sí es reportado resulta en denuncias sin investigación dentro de la empresa. Cuando un empleado comienza un acoso sexual o laboral hacia una compañera esto puede traer grandes conflictos que llevan muchas veces a golpes, secuestro, violación y homicidio. La obsesión que puede desarrollar un acosador por su víctima no mide límites y es importante que la empresa se mantenga alerta ante posibles complicaciones así.

Otro tipo de violencia que se puede generar parte de amoríos dentro del lugar de trabajo. Podemos tener un empleado que gusta de salir con diversas compañeras de trabajo. Esta actitud promiscua puede traer conflictos amorosos dentro de las oficinas, tanto con él directamente como entre las empleadas. Por esto es recomendable que los empleados se abstengan en absoluto de mantener relaciones amorosas y sexuales con compañeros.

2.1. Antes de contratar

Cuando una empresa hace un llamado para nuevo personal, normalmente aunque sea una empresa pequeña recibe muchas postulaciones. Es lo usual que no se tenga suficiente tiempo o recursos para llevar a cabo una indagación sobre cada aspirante para saber cuál es el más apto, el que tiene menos problemas.

Para esto lo recomendable es que se pongan prioridades según nivel crítico del puesto al que se aspira. Del mas riesgoso al menos riesgoso. No es lo mismo buscar contratar a un técnico de maquinaria pesada que buscar a una lavaplatos. Debemos tener en cuenta que el técnico tendrá a su cargo no solo vidas, sino una obra arquitectónica completa, por ende necesita una investigación mas exhaustiva previa a su contratación.

2.1.1. La aplicación

Lo ideal es que cada empresa tenga una lista de requisitos indispensables para contratar al personal. Lo más idóneo es que estos requisitos sean creados y analizados con fines puntuales con un equipo de recursos humanos bastante y asesores jurídicos y de seguridad.

Estos requisitos deben ir más allá que la simple solicitud de los documentos básicos como carnet de identidad, constancia de trabajos anteriores o titulaciones. Estos documentos solicitados deben estar guiados hacia la facilitación de la investigación de los antecedes de los aspirantes. Recordemos que un simple curriculum sin ningún tipo de respaldo legal no tiene validez alguna, ya que fácilmente el postulante puede estar mintiendo.

2.1.1.1. Documentos de aplicación

A) La aplicación

Primero se debe solicitar la información básica que se necesita para cualquier empleado. Un currículum donde indiquen sus datos personales de interés como nombre, número de identificación, dirección y número. Además de un récord de experiencia laboral donde también se debe indicar el puesto que ocupó, el año de ingreso y egreso, la dirección y el número de cada uno de esos trabajos. De ser posible llevar además un comprobante legal como una constancia de trabajo que respalde lo escrito por el aspirante.

Además, en un espacio aparte, el solicitante debe certificar que no falta ninguna información o trabajo anterior que haya omitido, debemos tener en cuenta que si ha sido despedido por robo, acoso o algún otro factor, puede simplemente omitir que trabajó en aquel lugar, es trabajo de la empresa poder averiguar esta información. Por esto es importante que el solicitante confirme bajo firma que no omite información, esto servirá posteriormente en caso e inconvenientes.

B) Informe de crédito

En el formulario de aspirantes debe incluirse un apartado donde se solicite al aspirante aprobación para que la empresa pueda solicitar informes a las agencias de crédito para corroborar su estatus. Esto puede ser de gran ayuda ya que puede revelar información sobre el presente y el pasado económico de la persona. Si el aspirante suele pedir grandes cantidades de créditos que tarda en pagar, o que por el contrario paga completamente de forma inesperada, hay que alarmarse y llevar a cabo una investigación más profunda.

C) Exención educativa

El aspirante al trabajo, con el fin de verificar su identidad y además de asegurarse de que su nivel educativo es el que él dice que es, deberá proporcionar por medio bien sea de un formulario o en su currículum, el nombre, dirección y número de escuelas, secundarias y universidades a las que haya asistido.

Esta información es corroborativa y además ayuda a saber si el aspirante tuvo algún problema legal, académico o social dentro de estas instituciones. Puede ocurrir que la universidad o secundaria indique ciertas actitudes o conflictos del aspirante que sean de interés para la empresa, como por ejemplo, si fue violento con compañeros, sí fue acusado de robo o estafa en algún momento, si cometió plagio o engaño dentro de su área académica, todos estos puntos son importantes para conocer al posible nuevo empleado.

D) Autorización extensa de información

Para resguardar las espaldas no solo de la empresa sino de las personas o instituciones que puedan proporcionar información sobre el aspirante, es bueno que éste rellene un formulario que sea firmado por él donde autorice tanto a la empresa a solicitar información a academias, antiguos empleos, personas naturales cercanas a él o cualquier otra fuente de información que se considere necesaria según cada caso.

Puede existir la necesidad de solicitar información penal sobre algún aspirante, para esto se debe asistir a la institución regente de este tema dentro del país correspondiente, con este formulario firmado legalmente aumentan la posibilidades de obtener esta información.

. . .

En este formulario deben estar los datos explícitos y correctos del aspirante: nombre completo, número de identificación, dirección de domicilio y número telefónico.

E) Conocimiento de antecedentes

Es importante que el aspirante esté plenamente consciente de que será investigado y todo sus datos tanto de identificación, empleo, dirección y educación serán verificados. Si el aspirante desconoce estos procesos e investigación podría acarrear problemas legales a la empresa, por lo que nunca se debe llevar a cabo este proceso de antecedentes sin conocimiento y permiso de la persona en cuestión.

También hay que tener en cuenta que, si un aspirante se niega a que se realicen estas indagaciones, está en su total derecho y no se puede infringir. Queda por parte del empleador dejar ir al aspirante o aceptarlo sin poder comprobar los antecedentes. Normalmente cuando estos casos ocurren es porque se oculta algo, bien sea una mentira sobre su educación experiencia laboral, bien una omisión de información. Cualquiera sea el caso es mejor prevenir que lamentar, y si un aspirante no puede ser completamente transparente es mejor dejarlo ir.

2.1.2. Archivo maestro

Existe un centro de información que proporciona y facilita la información sobre personas no deseadas en diversos ámbitos de la vida cotidiana, sobretodo tratándose de empresas tanto públicas como privadas. Si bien en cada país esto puede variar o incluso no existir, es importante verificar si se puede acceder a algo como esto.

. . .

Dentro de centro de información se indican todos los datos posibles de la persona y los detalles de los conflictos que ha tenido. Por ejemplo:

Si un gerente corrupto ha trabajo por años en una empresa de venta de muebles, ha sido descubierto y se ha levantado un informe, este informe debe ir al archivo maestro tanto de la empresa como, posteriormente, a uno común o público. Si el mismo gerente vuelve a robar en otra empresa, donde puede tener o no el mismo cargo, vuelve a ocurrir el mismo proceso de archivamiento. Para cuando éste gerente vuelva a buscar trabajo y la empresa revisa en el archivo maestro de personas no deseadas, será verificado y se conocerá su historia.

2.1.3. Verificaciones

2.1.3.1. Empleos anteriores

El primer factor que hay que verificar en los aspirantes de trabajo es la legitimidad de sus empleos anteriores, si es cierto que estuvieron allí el tiempo y con el cargo que ellos afirman. Muchas veces las personas dicen haber estado más tiempo del real dentro de un trabajo por miedo a que vean inestabilidad reflejada en periodos cortos de trabajo. Si es verdad que una persona que ha tenido 3 trabajos y que en ninguno dura más de seis meses es algo sospechoso, he de suponer que algo falla. También es común que se coloquen en puestos de trabajos más altos de los que en realidad tenían, esta falta puede traer problemas graves dentro de una empresa, por ejemplo: si un aspirante dice que trabajó como gerente y el empleador le cree sin más y le otorgan ese mismo cargo, la persona realmente no tiene experiencia y puede que no sepa qué hacer, lo que puede traer grandes conflictos.

. . .

Como ya se mencionó, la mejor forma para verificar los datos es una llamada telefónica con el número proporcionado, pero que también hay que tener cuidado con esto. El aspirante puede proporcionar números falsos, por lo que el empleador debe averiguar por su cuenta la fiabilidad de estos números. Si un aspirante proporciona el número de un amigo en lugar del número de su trabajo anterior, algo malo debe ocurrir, tanto que pudo nunca haber trabajo allí, como que falseo algunos o todos los demás datos.

Al momento de entrar en contacto con los empleadores anteriores es importante hacer preguntas, tanto relacionadas con el trabajo como preguntas personales que ellos puedan proporcionar, algunos ejemplos:

- ¿El aspirante abandonó la empresa por la razón que expuso?
- A consideración del empleador anterior, ¿volvería a contratar al aspirante?
- ¿Estuvo el aspirante involucrado en actitudes violentas, drogas, alcohol o acoso sexual en el trabajo?
- ¿Tiene antecedentes penales? ¿Cuáles?
- ¿Tiene problemas de conducta dentro del ámbito laboral?
- ¿Considera que su desempeño laboral fue óptimo?
- ¿El aspirante tiene la habilidad o la educación que dice tener?

2.1.3.2. Cartas de referencia

Las cartas de referencia personal son muy útiles para conocer a las personas, aunque usualmente estas cartas son proporcionadas por personas muy allegadas al aspirante, las cuales están dispuestas a dejar su imagen en alto para que pueda obtener el trabajo. Para estos casos es buena idea primero realizar las llamadas a las personas no íntimas del aspirante. Si primero se llama a sus antiguos empleadores y escuelas y estas proporcionan cierta información importante, como que el aspirante tiene problemas con las drogas, al llamar a su círculo íntimo o a sus conocidos casuales, estos se verán en la obligación de proporcionar más información luego que el empleador aclare que conoce la condición de drogadicción del aspirante.

2.1.3.3. Vecindario

En el caso de la verificación de dirección de vivienda, dependerá de cada país el donde conseguir la información. En las páginas de seguro social o información fiscal esta información puede ser proporcionada, en ocasiones sin restricciones. Al momento de verificar qué esta persona vive donde dice vivir, se puede buscar información sobre su arrendatario o información sobre hipotecas. Todos estos datos servirán para verificar el compromiso de pago del aspirante. Un futuro empleado que no paga la renta o deja pasar los pagos de hipoteca seguramente es una persona irresponsable que puede fallar dentro del trabajo.

3. Post - contrato

3.1. El examen escrito

Luego que el aspirante pasa a ser un empleado de la empresa, compañía o negocio, a menudo se realizan exámenes escritos donde se evalúan las respuestas en torno a identificar actitudes o actividades pasadas que puedan ser indeseadas o contrarias a los valores de la empresa. Estos exámenes pueden revelar posibles conductas violentas, uso de drogas, deshonestidad, etc. Es importante que estas preguntas, que son para indagar más allá sobre el empleado y su conducta, no sean obvias en su intencionalidad, porque hay que recordar que el humano siempre puede acudir a la mentira sin mayor reparo. Por esto es importante que las preguntas estén bien planificadas por profesionales e incluso ayuda de psicológicos.

3.2. Polígrafo

Si bien es una técnica de indagación muy poco usual, algunas empresas, sobretodo aquellas donde se manejan elementos delicados como fármacos o armas, aún utilizan el polígrafo para la investigación de sus empleados, tanto antes como después de contratados y por diversas razones. El polígrafo, o llamado también detector de mentiras, es un aparato que lee tu ritmo cardíaco y otros elementos fisiológicos que ayudan a identificar cuando alguien dice la verdad o está mintiendo. Este aparato no supone ningún dolor o riesgo para el que está siendo sometido al examen.

3.3. Litigios

Con litigios se hace referencia a los registros de tribunales, cualquier asunto legal que rodee a nuestro empleado es importante conocerlo y constatarlo. Dónde ha vivido el empleado y las razones por las que ha abandonado o cambiado de casas; divorcios y los motivos de estos, como lo podría ser una demanda por abuso físico por parte de su pareja, este factor es de suma importancia ya que denota que el empleado es una persona agresiva; demandas tanto de otros trabajos u otras personas, las razones de las demandas, por ejemplo, si el empleado ha sido demandado varias veces por estafa, esto implica que posiblemente traiga problemas a la empresa, etc.

3.4. Examen toxicológico

Este tipo de examen también se puede hacer durante el proceso de pre-contrato, no requiere de investigadores, expertos o alguna ayuda o soporte legal para llevarse a cabo. El personal de recursos humanos puede encargarse sin problemas de llevar a cabo el proceso de estos exámenes de sangre. Con los resultados de estos exámenes se conocerá si la persona consume algún tipo de drogas y la cantidad que tiene de esta en el cuerpo, si bien una persona puede consumir marihuana ocasionalmente, habrá poca de esta en su sistema, y no implica demasiado riesgo para la empresa, aunque siempre puede abstenerse de contratar o mantener el contrato. Por otro lado, si una persona consume sustancias más fuertes, como heroína, es común que lo haga con bastante constancia y que tenga una adicción de menor o mayor grado, en estos casos es un riesgo alto mantener a un empleado con este tipo de condición.

4. Crímenes encubierto

Los crímenes encubierto son aquellos que se caracterizan por el sigilo el criminal y la falta de pruebas físicas inmediatas o evidentes en la escena. Estos crímenes por lo general no son evidentes de detectar, puede ocurrir un hurto encubierto de una máquina fotocopiadora, dentro de una bodega llena de fotocopiadoras, el personal no percibirá la falta de una sino hasta buen tiempo después. Para el momento en el que se comience la investigación del hurto, las pruebas pudieron haber sido borradas adrede o por el paso del tiempo se eliminan naturalmente. En este tipo de crímenes, la investigación requiere mas precisión y habilidades específicas según sea el caso.

Este tipo de crímenes es llevado a cabo normalmente con planificación y por personas consideradas de confianza. Estos robos o delitos también suelen ser constantes, en lugar de un gran robo que llame la atención, se llevan a cabo unos cuantos robos que puedan pasar desapercibidos. Muchos de los criminales que se realizan estos actos encubiertos, se ayudan de la incertidumbre, sus robos o delitos pueden ser confundidos con accidentes o errores, lo que lo hace aún mas difícil de resolver.

Ya vimos lo complejo y difícil que se puede tornar identificar un crimen encubierto, y mas allá de sólo conocerlo, resolverlo. Hay muchos factores que pueden variar dentro de cada crimen, dependerá del ejecutante y su eficacia. Algunas estrategias básicas que podemos llevar a cabo durante la sospecha o la certeza de un crimen encubierto son:

- Agentes encubierto
- Inventarios
- Cartas de reembolso
- Revisión de cajas registradoras
- Prueba de fiabilidad de la caja
- Conteo de efectivo
- Empleados fantasma
- Proveedores fantasma
- Vigilancia

Estas estrategias están direccionadas hacia un robo encubierto más que cualquier otro crimen específico, pero muchos de estos servirán para otro tipo de crímenes, una vez más, depende del investigador conocer sus posibilidades y actuar conforme a su instinto y conocimiento.

4.1. Los agentes encubierto

Estos investigadores son instaurados dentro de diferentes áreas de trabajo, están dentro de la organización bajo un trabajo falso y se conoce dentro de las instalaciones por este trabajo. Los investigadores encubiertos están para formar parte de una vigilancia prácticamente invisible a los ojos de los criminales. Esto da pie a que se descubran conspiraciones de uno o varios empleados en contra de la empresa. Los empleados conflicto se sienten tranquilos al tener a un simple compañero de trabajo de los mismos rangos o categorías que él, a diferencia de un empleado de seguridad, cuya confianza se ve coartada por la función del otro.

4.2. Los inventarios

4.2.1. Anual o semestral

Estos inventarios normalmente se tienen escritos a computadora, actualmente existen software o programas que pueden hacer de este proceso un poco complejo mucho más fácil. Algunos programas sirven para impedir que el inventario digital sea modificado por terceros o incluso por empleados autorizados o no autorizados, ya que es usual que los inventarios escritos a mano se pierdan o modifiquen para dificultar el control de los productos.

Los inventarios no son más que el registro y conteo exacto de los productos, maquinarias o cualquier objeto de valor que esté dentro de la empresa. Los inventarios van desde los productos de venta al público, hasta las sillas en existencia dentro del área administrativa. Los inventarios que más están en movimiento son los relacionados con la compra y venta, es decir los de productos en stock. Estos inventarios deben estar constantemente en corrección y actualización, no se puede dejar pasar algún movimiento y que no quede registrado, ya que acarrea infinidad de problemas a nivel organizacional y económico, además que permite el robo o la pérdida.

4.2.2. Contabilidad diaria

La contabilidad es algo que se maneja y cambia diariamente. En una empresa comercial, que vende y compra productos diariamente, es importante mantener la contabilidad minuto a minuto, cualquier cambio tanto en exceso como en falta de, es importante notificarlo de inmediato.

4.2.3. Oculto

Este tipo de inventario es llevado a cabo de forma "secreta". Cuando los empleados habituales han dejado los puestos de trabajo, usualmente en las noches, se vuelve a realizar un conteo y un control de los inventarios, normalmente esto se hace cuando acaba de llegar un producto o está por ser despachado, es que cuando ocurren la mayoría de robos o pérdidas.

4.3. Cartas de reembolso

Referente a los reembolsos de clientes o proveedores, es importante mantenerse al tanto del estado de estas transacciones en todo momento, tanto para devolver como para recibir la devolución. Un reembolso es cuando una de las partes no está satisfecha con la transacción de compra venta luego de realizada, ésta persona solicita un reembolso, devolviendo ella el producto y la empresa regresándole el dinero.

Cuando el reembolso se ha llevado a cabo es aconsejable enviar un correo de seguimiento al cliente o proveedor. En este correo debe ir un documento donde se refleje la fecha y el motivo del reembolso, la cantidad a pagar o pagada, el nombre del cliente, número y dirección. El cliente debe responder a este correo con la afirmación o la negación sobre sí el reembolso ha sido efectuado de forma efectiva.

Muchas veces los clientes tardan, por su propia cuenta, en reclamar un retraso de reembolso o una equivocación de montos, por esto es importante que la empresa sea la pionera en esta comunicación.

4.4. Revisión de cajas registradoras

Esto se realiza sobretodo en negocios comerciales de todo tipo y tamaños. No sólo se contabiliza el dinero en efectivo sino también las transacciones electrónicas. La caja registradora, como su nombre lo indica, lleva un registro de todas las facturas de venta del día. Estas cajas deberían ser auditoriadas diariamente, ya que son el punto más común de robo dentro de los negocios comerciales. Si falla la contabilidad de la caja del día miércoles, y fue descubierto el día sábado, las posibilidades de hacer un seguimiento al suceso se disminuyen drásticamente a comparación de si se fuese descubierto el mismo día.

Para realizar las auditorías de las cajas, es necesario que sean realizadas por personas distintas a las que realizaron las ventas. Este proceso, por ser largo y minucioso, suele tomar ciertas horas por lo que es común que se dividan los trabajos entre distintas personas. Alguien puede llevar a cabo el conteo manual del efectivo y otro la parte electrónica de los pagos. Lo importante es que los recibos de la caja coincidan con los montos registrados o el efectivo contabilizado.

4.5. Empleados fantasma

Estos son empleados que están suscritos a la nómina de una empresa y que cobran un salario y tienen un puesto asignado a nivel de nómina pero que en realidad no existen. Estos empleados suelen estar registrados bajo un nombre falso, número de identificación y de seguro falsos. Sus cobros usualmente van destinados a terceros que no están relacionados directamente con la empresa, pero que tienen relación con algún empleado.

Un empleado fantasma puede aparecer por: un supervisor que planificó la implantación de empleados fantasmas para cobrar más sueldos y beneficios por parte de la empresa; un error de sistema, donde se añade o multiplica un mismo empleado; una persona real que murió o fue despedido y no ha sido eliminado de la nómina y continúa recibiendo retribuciones económicas.

Para comprobar este tipo de fraudes es importante tener personal interno encargado exclusivamente de estos procesos, preferiblemente acompañado de un miembro del personal de seguridad. Este trabajo no se le puede dejar a supervisores o empleados diarios ya que ellos pueden formar parte del conflicto. Es necesario hacer un seguimiento de los cheques y los fondos para obtener el nombre real de una persona a la que se le pueda llevar a cabo una investigación. Una vez se conoce el destino del dinero, es cuestión de tiempo antes de conocer la relación de la persona en cuestión con la empresa.

4.6. Proveedores fantasma

Como ocurre con los empleados ocurre con los proveedores, si bien éstos son más comunes. Estos proveedores fantasma están directamente relacionados a los agentes de compra. Este es un robo bastante común, donde se registra que un cargamento; bien sea de productos para la venta o de productos de uso para la oficina o negocio, como jabones, mesas, etc; pero estas compras realmente no están ocurriendo, se registra un proveedor que no existe y que proporcionará cosas que nunca llegarán, lo que sí pasará es que la empresa pagará por estos productos o servicios.

· · ·

Esto es bastante común en empresas grandes, donde la entrada y salida de dinero es grande diariamente. En un negocio local pequeño es raro que ocurran este tipo de robos, ya que el manejo de proveedores es bastante reducido y normalmente los hace el dueño o una persona de suma confianza.

Para evitar este tipo de robos, es importante que cada cierto tiempo se haga un registro y verificación de proveedores. Investigar si las empresas existen realmente, los números de cuenta, de registro, la dirección física y otras cosas que pueden demostrar la existencia de estos proveedores. También es recomendable cada semestre llevar a cabo un listado sobre las transacciones con proveedores, y si es posible, verificarlas con la otra empresa. Ya que puede ocurrir también que se creen facturas a nombre de una empresa que, en efecto, es proveedora real, pero que en realidad no lleva a cabo esa entrega y se está falsificando no solo la factura interna sino la externa del otro proveedor.

13

IDENTIFICAR LA VIOLENCIA EN EL TRABAJO

1. La violencia en el trabajo

La violencia en el trabajo, como ya mencionamos en el capítulo anterior, es un problema que se ha ido incrementando cada vez más. La competitividad de los diversos campos laborales ha hecho que dentro de las mismas empresas se cree más presión sobre los empleados que aspiran a un mejor puesto. Pero la violencia no sólo se genera por la competencia o la envidia del éxito laboral, sino también por relaciones interpersonales que se cruzan dentro del trabajo, tanto amistosas como amorosas o sexuales. Hay infinidad de formas de violencia en el trabajo, también existe la humillación por parte de superiores, las amenazas o chantajes. Es importante que cada empresa estudie a profundidad este tema para crear programas o parámetros de prevención, además, aquí entra la importancia del capítulo anterior, el estudio de antecedentes antes de contratar a un empleado no sólo servirá para prevenir robos o estafas, sino también para no tener personas con conductas violentas o poco apropiadas.

. . .

La violencia no sólo es llevada a cabo por empleados, también puede ser ocasionada por clientes insatisfechos o empleados despedidos. Hay que tener en cuenta que cualquier factor que produzca emociones negativas puede ser fundador de alguna violencia, por ende estos factores deben estar bajo control y con planes de prevención y acción.

En un comunicado de prensa que se puede encontrar en la página web oficial de la Organización Internacional del Trabajo, se encuentran unos datos alarmantes. Este comunicado fue hecho en 1998 e informa que:

" En Reino Unido una encuesta efectuada por el Consorcio Británico de Comerciantes Detallistas estableció que en el período financiero 1994-1995, en el sector de la venta al por menor fueron agredidas físicamente más de 11.000 personas y 350.000 fueron objeto de amenazas e insultos en el lugar de trabajo."

En el mismo comunicado además se revela que:

"Una extensa encuesta nacional realizada en Alemania en 1991 por el Instituto Federal de Salud y Seguridad en el Trabajo reveló que el 93 por ciento de las mujeres interrogadas habían sido objeto de acoso sexual en su trabajo durante su vida activa."

Además informan que:

"Francia, Argentina, Rumania, Canadá e Inglaterra han señalado las tasas más elevadas de agresiones y acoso sexual en el lugar de trabajo."

Los resultados de los informes de estudio a nivel global arrojaron alarmantes resoluciones:

DIAGRAMA 20

Los brotes de violencia "que se producen en los lugares de trabajo de todo el mundo permiten concluir que este problema rebasa en efecto las fronteras de los países, los ámbitos de trabajo o cualesquiera categorías profesionales".

En algunos lugares de trabajo y ocupaciones, como los taxistas, el personal de los servicios sanitarios, el personal docente, los trabajadores sociales, el servicio doméstico en países extranjeros o el trabajo solitario, sobre todo en los turnos de noche del comercio de detalle, existe un grado de riesgo ante la violencia mucho mayor que el correspondiente a otros ámbitos u ocupaciones.

Dicho riesgo es considerablemente mayor para las mujeres, dado que se concentran en las ocupaciones más expuestas, como la enseñanza, el trabajo social, la enfermería, la banca y el comercio minorista.

Tanto los trabajadores como los empleadores reconocen cada vez más que las agresiones psicológicas son una forma grave de violencia. La violencia psicológica incluye el amedrentamiento de grupo o "mobbing", es decir, la intimidación y el hostigamiento psicológico colectivos.

DIAGRAMA 20

Los brotes de violencia "que se producen en los lugares de trabajo de todo el mundo permiten concluir que este problema rebasa en efecto las fronteras de los países, los ámbitos de trabajo o cualesquiera categorías profesionales".

En algunos lugares de trabajo y ocupaciones, como los taxistas, el personal de los servicios sanitarios, el personal docente, los trabajadores sociales, el servicio doméstico en países extranjeros o el trabajo solitario, sobre todo en los turnos de noche del comercio de detalle, existe un grado de riesgo ante la violencia mucho mayor que el correspondiente a otros ámbitos u ocupaciones

Dicho riesgo es considerablemente mayor para las mujeres, dado que se concentran en las ocupaciones más expuestas, como la enseñanza, el trabajo social, la enfermería, la banca y el comercio minorista.

Tanto los trabajadores como los empleadores reconocen cada vez más que las agresiones psicológicas son una forma grave de violencia. La violencia psicológica incluye el amedrentamiento de grupo o "mobbing", es decir, la intimidación y el hostigamiento psicológico colectivos.

Fuente: Página web oficial de la Organización Internacional de Trabajo, 1998.

1.1. Tipos de violencia

Por lo general, se han categorizado cuatro tipos de violencia dentro del ambiente laboral:

- Delitos de terceros: estos delitos de violencia los realizan criminales que no tienen conexión con la empresa o

- negocio, han irrumpido dentro únicamente para llevar a cabo el delito. Esto es común en negocios de venta de productos, que entre un hombre armado y comience a disparar, o un violador que ataque a algún empleado o empleada; también puede ocurrir con bancos, los cuales están propensos a sufrir robos violentos.
- Delitos por parte de los que reciben el bien o servicio: hacemos referencia a clientes, pacientes, alumnos, etc. Un ejemplo de este tipo de violencia puede ser, por ejemplo, que una persona murió durante una operación. El familiar del fallecido acude para vengarse del cirujano, que aunque este pueda o no ser culpable, es arremetido por este paciente insatisfecho.

Estos dos tipos de violencia se suelen llamar "violencia afectiva" ya que por lo general son reacciones a factores estresantes que surgen en el momento. Sobretodo este factor se afianza en la segunda categoría, donde una reacción emocional de los hechos hace que el agresor actúe de forma impulsiva, como lo ejemplificamos en el caso del paciente.

- Violencia entre empleados: esta refiere a la violencia que se genera entre empleados el mismo rango o incluso de supervisores o directivos a empleados menores o viceversa. Esta violencia suele estar infundada por la envidia, el resentimiento o la creencia de superioridad.
- Relaciones interpersonales: aquí se destacan las relaciones amorosas o sexuales dentro del ambiente de trabajo, que puede atraer tensiones poco adecuadas y terminar en violencia o asesinato. También cabe aquí las

relaciones de amistad que se vuelven tóxicas debido al ambiente laboral competitivo o rígido.

Por otra parte, estos últimos dos tipos son llamados "violencia selectiva". Esta violencia no es algo que surja de pronto y sin conocer a tu víctima, es más bien la violencia que va creciendo gradualmente y va enfocada a una persona en particular.

1.2. Amenazas

Las amenazas dentro del área de trabajo son más comunes de lo que se pensaría. Hemos hablado varias veces del tema de la presión y la competitividad, estas emociones llevan a las personas a actuar de formas exageradas e impulsivas, incluso algunos más sensibles, llegan a cambiar la personalidad misma bajo un régimen de trabajo estricto. Las amenazas surgen en momentos de ofuscamiento y es importante no dejarlas pasar.

Por mas cliché o falsa que pueda sonar la amenaza de "voy a matarte", hay que tomarla en cuenta y llevar a cabo medidas de prevención y acción. Aunque en el momento creamos que es "simplemente por la rabia". El ser capaz de realizar una amenaza de esa índole, refleja que la psicología de la persona está perturbada, fuera de sí. Cuando una persona pierde los estribos puede aumentar el peligro que ésta significa para el resto. Por ejemplo: si un empleado comienza con amenazas simples a otro: "quítate o verás cuando te me atravieses", "para la próxima te lanzo el café a la cara", "voy a matarte". Cómo ven estas amenazas van creciendo en riesgo consecutivamente, y hay que tener en cuenta desde la primera hasta la última y tomar medidas en cada caso.

1.2.1. Formuladas

A veces las personas tienen problemas a la hora de identificar lo que es y lo que no es una amenaza. Existen dos tipos de amenazas. Las amenazas formuladas son aquellas que no son explícitas o tienen un condicional antes, por ejemplo: "Si sigues así, voy a golpearte". Muchas personas no consideran esta afirmación como una amenaza, ya que ésta está sometida a una condición, " si sigues así".

Sin embargo, de igual forma las amenazas formuladas son igual de preocupantes que una amenaza planteada directamente. El hecho de "voy a golpearte" sigue existiendo por parte del abusador, la víctima no puede hacerse responsable de una agresión o quedar desprotegida de una posible agresión solo porque su agresor le planteó una condición.

Si bien a nivel judicial o legal, normalmente este tipo de amenazas no pueden tener respaldo. La empresa puede llevar a cabo un programa de prevención interno. No hace falta acudir a la ley de Estado para proteger a un empleado en riesgo de un posible agresor. Es importante como investigador, tener presente los programas de protección y prevención de violencia de la empresa, de no existir, es importante que el investigador plantee esto como un problema a nivel de recursos humanos y de seguridad.

1.2.2. Planteadas

Estas son amenazas formuladas directamente, "Voy a matarte". No existe ningún condicional o advertencia que pueda implicar que no se realizará a cabo la amenaza. Si bien muchas personas hacen amenazas directa que no piensan cumplir, aun así implica un riesgo que hay que tomar en cuenta. Es trabajo del investigador determinar si la persona realmente representa un peligro.

1.2.3. Evaluación de la amenaza

Dentro de la detección o evaluación de amenazas, no existen directrices o perfiles que nos indiquen que un empleado puede en efecto representar un peligro, por esto es importante no dejarse llevar por algún supuesto patrón de comportamiento sin estar al tanto de acciones concretas. Hay diversas acciones que si representan una alerta para el personal y que deben tomarse en cuenta, exista o no una víctima.

- Alcohol o drogas en los lugares de trabajo.
- Problemas de control de ira.
- Discursos relacionados con violencia, asesinato o suicidio.
- Cambios de ánimo repentinos.
- Extrema sensibilidad hacia la crítica
- Armas de fuego en el trabajo.
- Amenazas directas o indirectas.

Es importante que todos los supervisores, gerentes y personal de seguridad esté capacitado para el buen manejo de estas circunstancias de alto o mediano riesgo. Siempre se debe tener presente que se está tratando con personas, que tienen emociones y reaccionan ante las circunstancias. No se puede dar por hecho que la persona va a tomar para bien todo lo que se diga o haga, siempre se debe estar preparado para manejar un posible enfrentamiento o situación de riesgo. Es trabajo de la empresa educar y capacitar a sus empleados en esta área.

· · ·

Normalmente cuando se evalúa el caso, luego de una investigación del sujeto en cuestión, un investigador o personal de seguridad de la empresa no suele ser suficiente para manejar situaciones donde exista un riesgo real. Hay compañías y organizaciones, tanto públicas como privadas, que ayudan al manejo de este tipo de situaciones, no sólo a nivel laboral sino también familiar, la forma en la que estas se manejan ya corresponderá a cada país y cada política interna.

Dentro de la misma empresa que surge el conflicto también se pueden conformar grupos de expertos para el manejo de amenazas, estos equipos están conformados por personas capacitadas de diferentes áreas, profesionales tanto de la empresa como de afuera pueden intervenir en este equipo, usualmente se conforma por:

- Departamento Recursos humanos
- Departamento de seguridad
- Asesores jurídicos
- Psiquiatras o psicólogos

Para evitar problemas legales al momento de querer sacar a un empleado por algún problema relacionado con la violencia o amenaza, es recomendable tener una política sobre estos temas que sea comunicada a todos los empleados, donde la empresa se permita la potestad de prescindir de algún miembro si incumple estas políticas. Para esto es necesario que se sea totalmente explícito y transparente en cuanto a la intolerancia y las consecuencias de una actitud violenta.

2. El proceso de la violencia selectiva

La violencia selectiva, como ya se explicó, no es algo que surge dé un instante a otro, es un proceso de evolución que el agresor va internalizando, es consecuente y se puede prevenir. El agresor debe pasar por un proceso interno que se refleja externamente. Estas demostraciones pueden ser desde una simple mirada o tropiezo, que normalmente no indican un peligro a tener en cuenta, el problema es cuando estas pequeñas molestias se convierten en agresiones más graves como insultos. Aquí el agresor va demostrando cada vez con más afán lo que siente.

Normalmente este proceso psicológico toma bastante tiempo, meses e incluso años, y a veces va avanzando de forma tan gradual que es imperceptible, incluso para el agredido. Hay casos de violencia selectiva que parecen ser arranques de ira, pero tras un estudio psicológico del agresor se revela que el odio o el sentimiento de agravio lo viene experimentando desde hace mucho tiempo.

El investigador al principio debe actuar bajo perfil, hay que recordar que no toda acusación de amenaza tiene que ser real, existen también acusaciones falsas que buscan desprestigiar a un tercero, todo esto se debe tener en cuenta. El investigador debe ser lo más imparcial posible a la hora de indagar la naturaleza o la factibilidad de un posible riesgo. Una vez se corrobore la existencia del peligro, es necesario hacerle seguimiento al posible agresor, cualquier falta a la seguridad ordinaria puede ser indicadora de algo. Hay que estudiar al sujeto en cuestión en relación a otro empleados, ya que pueden haber otros afectados que no han querido notificar la situación.

3. Antecedentes de la violencia

Estudiar a los agresores es importante para la resolución del conflicto. Conocer si anteriormente, dentro y fuera de la empresa, han estado sometidos a situaciones de alto estrés y cómo han reaccionado ante estas. Esto puede plantear un patrón de comportamiento y puede ayudar al investigador a comprender el estado emocional en el que se encuentra el agresor, teniendo todos estos datos, la solución de los conflictos puede llevarse a cabo más fácilmente.

4. Abordaje de la violencia

En ocasiones se tiene la creencia de que si no hay riesgos físicos e incluso de muerte, no hay amenaza o peligro que deba ser manejada. Hay que tener en cuenta que la violencia también se refleja de forma verbal y psicológica. Un empleado puede estar siendo acosado psicológicamente por otro, puede haber incluso un ataque verbal constante y mutuo entre empleados y esto también hay que atacarlo y solucionarlo.

Cuando la violencia es psicológica o verbal es de utilidad hablar directamente con el agresor, esto posterior a una investigación: ¿el hecho es real?, ¿existen antecedentes de este comportamiento? Cuando se habla con el agresor psicológico o verbal, normalmente las situaciones de disminuyen. Hacerle saber que lo que está haciendo es conocido por la seguridad de la empresa y que puede ser reprendido por ello. Es importante también mantener una vigilancia, previniendo que el agresor ataque físicamente a su víctima tras la reprimenda.

Cuando las agresiones son físicas y ponen en riesgo la integridad y la vida de la persona, no es aconsejable abordar el problema con palabras, ya que una charla de advertencia puede disparar la violencia del agresor y empeorar la situación. Conviene entonces actuar con bajo perfil y evaluar según cada caso las posibles soluciones. La solución más sencilla muchas veces resulta ser cambiar a uno de los dos de área o de horario, pero hay empresas que no tienen estas posibilidades y deben estudiar la resolución del problema mas a profundidad.

La administración de Seguridad y Salud Ocupacional en Puerto Rico, en su división de trabajos voluntarios, emitió un boletín informativo (PROSHA 029) que proporciona cierta información sobre los riesgos de la violencia dentro de las áreas de trabajo, haciendo una descripción sobre los tipos de violencia, lo que se debe hacer antes, durante y luego del ataque. Una sección que nos interesa tocar en este punto es la titulada " Qué puede hacer el patrono para ayudar a proteger a sus empleados". Este boletín informa que:

"La mejor protección que pueden brindar los patronos es establecer una política de cero tolerancia a la violencia en el lugar de trabajo en contra de o por parte de sus empleados."

Él patrono debe establecer un Programa de Prevención de Violencia en el Lugar de Trabajo o incorporar la información en el Manual del Empleado o en el manual de procedimientos estándar. Es esencial que todos los empleados conozcan las directrices y comprendan que toda alegación de violencia en el lugar de trabajo será investigada y corregida con prontitud.

. . .

También los patronos pueden ofrecer protecciones como las indicadas a continuación:

- Proveer educación en seguridad a los empleados para que sepan que tipo de conducta no es aceptable, que hacer si son testigos o víctimas de un acto de violencia en el lugar de trabajo y cómo protegerse a sí mismos en caso de violencia.
- Proteger el lugar de trabajo. Donde sea apropiado instalar cámaras de video, luces adicionales y sistemas de alarma que minimicen el acceso de extraños mediante tarjetas de identificación, llaves o acceso electrónico y guardias de seguridad.
- Proveer cajas fuertes para los depósitos provisorios que limiten la cantidad de efectivo disponible. Mantener cantidades mínimas de dinero en las cajas registradoras durante las noches y madrugadas.
- Proveer al personal de campo con teléfonos celulares y alarmas o dispositivos ruidosos accionados a mano. Solicitar que este personal tenga un plan de trabajo diario y que se mantenga en contacto con su supervisor.
- Indicar a los empleados que no deben entrar en lugares donde no se sientan seguros. Permitir que los empleados trabajen en pares o proveer un servicio de escolta o ayuda de la policía en situaciones que pueden ser peligrosas o por la noche o madrugada"

5. Métodos de investigación

Las habilidades y técnicas de investigación para la detección y prevención de violencia o amenazas es igual a cualquier otro tipo de investigación que ya hemos mencionado. Muchas veces se deben usar investigadores encubierto o realizar entrevistas para poder llegar a una resolución o comprensión de la situación. A continuación una serie de procesos o pasos a seguir:

DIAGRAMA 21

REVISAR	Como primer paso para llevar a cabo la investigación sobre el empleado problema, es necesario revisar el archivo de la persona, desde su aplicación de empleo y los antecedentes que debieron investigarse sobre él en su momento. También revisar todas las evaluaciones que ha tenido, si ha dado conflictos de alguna otra índole, como lo han calificado sus supervisores y compañeros. Es importante conocer el estado del empleado dentro de la empresa: si ha tenido quejas o incluso demandas de algún tipo dentro del trabajo. Informarse sobre su registro de asistencia, si ha pedido permisos de ausencia y los motivos de estos, también si ha faltado injustificadamente. Cada registro del empleado debe ser revisado minuciosamente, buscando algún indicio o prueba de que, en efecto, el empleado a presentado alguna anormalidad posteriormente.
EXAMINAR CONTEXTO	En caso de existir una queja o demanda por parte de otro empleado contra el empleado problema, es importante conocer el contexto en el que se está llevando a cabo el conflicto. Esto no se hace con intención de justificar a ninguna de las partes, más bien, con esto se busca comprender el posible origen del conflicto y así poder abordarlo de la mejor forma posible. No es lo mismo tener un problema de violencia que se relaciona con alguna relación interpersonal entre empleados, que un conflicto que surja de la competencia dentro del área de trabajo. Ambos factores deben abordarse de formas diferentes y con técnicas distintas.
INVESTIGAR	En esta categoría o fase de la investigación, tocará indagar más a profundidad al empleado problema. Esta vez fuera de la empresa. El investigador deberá dirigirse a registros públicos donde pueda conseguir información judicial sobre el sujeto en cuestión. Aunque ya se haya realizado una investigación previa al ser contratado, es importante tener presente que estos registros cambian, el empleado pudo haber estado exento de problemas judiciales antes de ser contratado, pero no significa que actualmente lo esté. Investigar sobre hipotecas, deudas, divorcio, juicios por custodia, demandas, cualquier factor que pueda indicar que el empleado está pasando por un proceso complicado que pueda estar reflejando en el trabajo.

DIAGRAMA 21

DIAGRAMA 21

ENTREVISTAR	Se procede a las entrevistas a conocidos luego de tener alguna idea sobre lo que puede estar pasando. Para llegar a este punto el investigador debe tener una hipótesis por más circunstancial que sea. Hay que tener mucho cuidado con la fase de entrevistas, ya que se puede llegar a investigar a una persona que advierta al empleado sobre la investigación que se lleva a cabo y esto puede entorpecer enormemente todo el proceso. Son más aptos compañeros de trabajos no demasiado allegado, vecinos o corredor de seguros, algún empleado público que esté en contacto directo con nuestra persona problema o incluso abogados o familiares. Durante estas entrevistas se pretenderá obtener información más directa sobre el estado mental, social y económico de nuestro sujeto.
VIGILAR AL SUJETO PROBLEMA	Esto puede incluir diversas prácticas todas dependen de la política de cada empresa. El empleado puede verse sometido a vigilancia de bajo perfil, como por ejemplo tener prioridad de él en las cámaras de seguridad, asignar a un agente a mantenerlo vigilado personalmente, tener acceso a su correo electrónico y número telefónico designados por la empresa. Este tipo de vigilancia es bastante efectiva ya que se comienza a tener certeza de lo que realmente está ocurriendo y proviene de la fuente más fiable: los mismos investigadores.
COMENZAR UN CONTACTO	Cuando finaliza el proceso de investigación, un equipo especializado tomará la decisión o llevará a cabo un plan en el que se tomará contacto con el empleado problema.

DIAGRAMA 21

Al momento de contactar con el empleado problema, no se debe hacer bajo la creencia de que no existe solución ante el conflicto, tampoco es correcto atacar al empleado y hacerlo ver como el absoluto culpable de la situación, incluso si así es. Hay que llegar con tranquilidad y las puertas abiertas al diálogo, es importante que el empleado sienta que tiene la posibilidad de redimirse y explicarse.

En estos momentos se revela el origen real de la violencia o amenaza, bien sea por conflictos personales que no tienen que ver directamente con el trabajo, o conflictos relaciones con el área laboral. También se llega a revelar en este punto que el empleado realmente no representa una amenaza, o por el contrario se corrobora el peligro que representa. Cualquier cosa puede ocurrir en este punto, cada persona reacciona y tiene una forma de pensar diferentes, si nos enfrentamos a una persona que sin duda alguna representa una peligro no solo individual sino colectivo, durante el momento de contacto podría explotar. Por esto es importante que en estos momentos haya bastante seguridad a los alrededores, sin ser obvios, pero cuidadosos.

6. Órdenes de restricción

En ocasiones, los civiles o personas particulares, en este caso podría ser el empleado víctima, acude a la policía para obtener una orden de restricción contra el empleado abusivo. Estas órdenes de restricción prohiben al demandado acercarse, hablarle o tratar de comunicarse con la persona que emite la orden. Si bien este tipo de medidas suelen ser útiles, dentro de un trabajo donde probablemente se encuentren ambas personas, bien sea en una reunión, en un ascensor o un pasillo, puede volverse un conflicto tanto para ellos como para los supervisores. Además, este acto puede darle a entender al abusivo que la otra persona no quiere solucionar las cosas de buena manera, y dentro de sus mentes esto significa una provocación, en muchas ocasiones las cosas empeoran tras una de estas órdenes. Los castigos por el incumplimiento de las órdenes son bastante bajos, las multas significan montos mínimos y el tiempo en cárcel es muy breve, por lo que el castigo no ocasiona temor al abusivo.

7. Informe

El investigador o los encargados de llevar el proceso de los conflictos por violencia, deberán obligatoriamente realizar uno o varios informes donde se vaya llevando el control del caso. Al igual que en cualquier otro tipo de investigación, esta debe tener un respaldo escrito que debe ser minucioso y cronológico. En este informe debe estar detallado explícitamente la forma en la que se ha llevado a cabo la obtención de información: archivos de la empresa, archivos públicos judiciales, declaraciones de familiares, conocidos y otros empleados. Todo este proceso se debe ver reflejado dentro de los informes, como también los hechos concretos ocurridos: si el empleado abusivo ha amenazado públicamente a la víctima, si la ha golpeado, si le ha gritado, cualquiera que sean los hechos ocurridos deben estar descritos aquí.

8. Asistencia

Hay casos de alta violencia o donde el individuo está renuente a cesar sus arranques violentos, estos casos suelen salirse de las manos de la seguridad de la empresa. Cuando se detecta este tipo de situaciones extremas, es responsabilidad de la empresa, el investigador, supervisor o cualquier otro llamar inmediatamente a la policía para que la situación sea manejada por manos de la ley.

Al momento de llamar a la policía se debe tener cuidado, ya que si es llamada en una situación donde no se puede demostrar que el individuo representa un alto peligro para una o más personas, la policía no actuará, ya que normalmente mostrar la investigación que se ha llevado a cabo no es suficiente para poder detener a alguien. Por esto es importante llamarlos en momentos precisos donde el abusivo pueda ser arrestado inmediatamente. Ya que si la policía llega y no se logra nada, él puede ver esto como una provocación y volverse más peligroso.

Es importante para el equipo de seguridad o el investigador que antes de llamar a la policía de haya realizado todo lo posible y necesario para la resolución del conflicto, con esto no significa que si el equipo considera a la persona peligrosa a niveles letales, luego de la investigación y la recolección de declaraciones, deban esperar para un llamado a la policía. Si un individuo lleva un arma y amenaza a otros empleados de asesinarlos, es un momento donde hay que llamar a la policía se haya tratado el conflicto o no, lo principal es la seguridad de todos.

9. Discriminación y acoso

Esta sección de la violencia, que va focalizada hacia un aspecto de la víctima, el cual su agresor considera inferior, estúpido o repulsivo, el equipo deberá investigar y estar al tanto de las leyes nacionales y estatales contra la discriminación y el acoso, ya que dependiendo de esto, se podrá actuar dentro de la empresa. También se toman en cuenta aquí las políticas internas. Desde hace unas décadas para acá, pero sobretodo los últimos diez años, se ha llevado a cabo mundialmente muchas políticas contra la discriminación racial, de género, sexual, etc. Por esto, este tipo de acoso llevado por la discriminación está considerado como una falta grave y se puede incluso despedir a una persona por este tipo de conductas.

Toda empresa debe tener unas políticas internas, de las que ya hemos hablado antes. Estas políticas internas deben ser muy bien pensadas y estudiadas, ya que deben incluir infinidad de reglamentos de conducta que podrán mas adelante proteger a la empresa y a los mismos empleados. La discriminación y el acoso, contemplados como un tipo de violencia, deben estar presentes en las políticas internas, es muy común hoy en día, a pesar de la lucha contra estas conductas, que la gente tiende hacia la discriminación racial de género y sexual, entendiéndose la última como la discriminación a las comunidades no heterosexuales. Las políticas deben indicar a los empleados que el respeto es la forma de trato que se deben tener entre ellos y con los clientes o proveedores de ser prudente.

Estas políticas pueden ser explícitas con el comportamiento que se desea, como también puede serlo con el comportamiento que está prohibido. Se recomienda que contenga ambas formas de conducta para evitar cualquier tipo de ambigüedades que puedan surgir. Lo más común es que, cuando un empleado acepta estas políticas internas, al incumplirlas la empresa queda en total potestad de despedir o prescindir del empleado, por este factor es que es importante el detalle dentro de las políticas, ya que un empleado puede alegar a la ambigüedad para crear una demanda.

La discriminación y el acoso puede muchas veces verse como una broma, un chiste de oficina o unos comentarios inocentes. Sin embargo hay que saber diferenciar la línea, tanto el investigador como los empleados. De existir una situación que no presupone un riesgo o una discriminación propiamente, como por ejemplo: un empleado homosexual suele ser burlado por otros, le hablan de maneras amaneradas y los hombres le hacen bromas sexuales, pero éste mismo empleado lo toma de forma tranquila y participa en cierta medida de los chistes. El equipo de seguridad puede o no intervenir, aunque es preferible que se haga, ya que cualquier broma puede terminar en disgusto. Se puede intervenir de forma pacífica, aclarando que la empresa no apoya este tipo de comportamiento por parte de ambas partes. A menudo esto es suficiente en este tipo de casos, lo que previene futuras molestias.

Hay casos de discriminación mucho más graves, donde la víctima termina siendo humillada, amenazada, golpeada y aterrorizada por el simple hecho de ser lo que es. Normalmente este tipo de violencia es mucho más progresiva que la que hemos visto anteriormente. Suele comenzar por miradas incómodas, aumentar poco a poco a susurros, luego a pequeños insultos esporádicos y de esta forma puede incluso llegar a amenazas y golpes. Es importante para el equipo prevenir este tipo de situaciones, por esto es bueno mantenerse alerta ante los empleados que puedan ser potenciales víctimas: mujeres, homosexuales o con cualquier otra orientación fuera de la heterosexual, personas de color, de etnias indígenas o razas distintas a la del país en cuestión. Es importante que estas personas sientan la confianza y la potestad dentro de la empresa como para hacer el llamado de atención.

10. Entorno hostil

Hasta ahora hemos profundizado más en la violencia que se lleva a cabo por una sola persona, pero también existe la violencia llevada a cabo por un conjunto de personas, directa o indirectamente. Un entorno hostil, se refiere a un ambiente donde se rodea a una persona de aspectos negativos, para que esto ocurra es necesario la participación de diversas personas y factores. Por ejemplo: una empleada está pasando por una situación de acoso sexual por parte de un empleado particular, pero otros empleados comienzan a tildarla de promiscua y otros calificativos que le sean incómodos, puede también comenzar a ser vista por otros hombre de manera lasciva etc. Esto es un entorno hostil, donde no solo está el asunto del acoso sexual individualmente, sino un acoso y hostigamiento general por parte de más empleados.

. . .

Normalmente en estos casos, la víctima no ve como una posibilidad el salir victoriosa de este tipo de ambiente, ya que su problema no es directamente a una persona, sino a varias, lo que la lleva a un estado depresivo donde prefiere retirarse para evitar el maltrato que solicitar ayuda. Por esto la empresa debe tener una vigilancia y estar atentos a posibles entornos hostiles que se estén generando y atacarlos lo más rápido posible, ya que normalmente cuando un entorno hostil está implantando, es muy difícil recuperar la tranquilidad para la víctima, ya que la hostilidad se ha expandido hacia diversas personas y puede incluso haber hostilidad silenciosa, donde empleados no emiten juicios pero sí que los tienen.

En estos casos, cuando ya la hostilidad está disgregada en el entorno laboral, dependerá de cada empresa el cómo abordará la situación, en conjunto con la víctima.

11. Cuestiones importantes

11.1. Las quejas

Los casos de violencia pueden comenzar como una queja. Estas quejas pueden ser un documento enviado a recursos humanos, al supervisor de la víctima o incluso un correo electrónico enviado directamente a seguridad. Cada queja debe ser atendida con interés, es necesario conocer las circunstancias de los posibles abusos o situaciones de violencia, el demandante puede estar llevando una queja por un evento en particular o por varias situaciones, puede estar presentando queja por una o varias personas, todo esto es el primer acercamiento al caso y se debe tener especial énfasis en una buena lectura de esta queja o demanda.

. . .

Hoy día empresas han aplicado lo que se llama "buzón de quejas" similar al buzón de sugerencias que se hacen para que los clientes depositen sus comentarios sobre un determinado servicio o producto. Esto funciona de forma similar, pero con los empleados. Muchas veces estas quejas no son tomadas en cuenta, a veces ni siquiera son leídas por alguien, esto podría atraer grandes conflictos legales a la empresa, además que no proporciona la seguridad que promete, si un empleado advirtió a través de este método, o cualquier otro que se tenga. sobre su situación de víctima y no fue atendida, podría llevar a cabo un proceso legal contra la empresa. Por ejemplo:

Una mujer es víctima de acoso sexual por parte de su supervisor. Ella envió un correo al buzón de quejas y al departamento de recursos humanos, ambos correos fueron ignorados por el personal, no fueron leídos y por ende la situación no se dio a conocer. Al tiempo esta mujer sufre una violación por parte de su supervisor y ella decide emprender una demanda contra su agresor y la empresa, alegando que ella notificó la situación pero no se le prestó la seguridad necesaria, esta empleada estaría con todas las de ganar, puesto que fue la empresa la que falló.

11.2. Comparar con políticas

Es de gran utilidad que el investigador, al momento que se produce una denuncia, comience a comprar los detalles de los hechos (sea el abuso, el acoso, la discriminación, etc) y lo compare tanto con las políticas internas de la empresa como con las leyes nacionales y estatales. Este proceso de comparación determinará si lo que se está demandando realmente va en contra de las políticas o las leyes. Habrá ocasiones en las que se reciben demandas por parte de empleados donde realmente no se puede hacer nada a nivel legal, ya que no se está violentando las políticas internas o alguna ley nacional. También esto ayuda a evitar errores por parte de los investigadores, de llevar a cabo un caso que pueda llegar a un nivel superior de la ley, donde no exista realmente una vulneración a los derechos de alguien. Realizar esta comparación ahorra tiempo, dinero y esfuerzo a la empresa.

14

LA INVESTIGACIÓN ENCUBIERTA

1. La investigación encubierta

Este tipo de investigaciones se basan en que, una persona que es instaurada dentro del núcleo a investigar, pongamos de ejemplo el departamento de finanzas de una empresa, se implanta a un investigador dentro del departamento que esté cumpliendo con un falso puesto, éste investigador deberá, desde dentro, inspeccionar el funcionamiento y las posibles fallas que puedan existir dentro de él. Estas fallas pueden ser simple descuido del personal o puede incluir estafas, robo, desvío de dinero, etc.

Dentro y fuera del departamento la función real del investigador no puede ser conocida, éste le dará la información de primera mano directamente a los superiores. Este "nuevo" miembro en el equipo de trabajo debe arreglárselas para ganar la confianza entre los empleados y así poder manejarse con más facilidad y revelar lo que ahí dentro ocurre.

. . .

Este tipo de investigaciones pueden realizarse bien sea con un objetivo, se ha visto que las ganancias han bajado pero que las ventas han subido, por esto se decide implantar a un investigador en el departamento de finanzas. O también de forma totalmente espontánea, se podría decir que a modo de investigación de control, esto quiere decir que no necesariamente algo debe estar ocurriendo.

Normalmente este tipo de investigaciones dentro de una empresa puede tomar un poco de tiempo, el investigador no puede llegar a un área de trabajo pretendiendo que se le cuente todo y estar en todas partes, ya que esta actitud sería contraproducente porque puede generar sospechas. Toma de semanas a un par de meses llegar a un nivel de confianza para que el investigador pueda indagar más a profundidad lo que ocurre.

2. Objetivos

Los objetivos de este tipo de investigación están bastante claros:

- Confidencialidad de los casos investigados: nadie conoce que la investigación se lleva a cabo salvo los responsables de ella.
- Revelar la existencia de actos deshonestos.
- Determinar cualquier tipo de fallo que pueda estar ocurriendo, tanto de talento, organizacional, operacional, físico, etc.
- Subsanar los fallos encontrados.

3. Implantación del investigador y sus características

Lo más crucial de las investigaciones encubierta es la implantación del investigador en el área de trabajo, para esto la persona debe ser preparada para asumir otra identidad con otros conocimientos y formas de actuar, pero a su vez mantenerse dentro de su trabajo profesional y estar atento a todo a su alrededor. Esta persona termina siendo un espía, y para esto ciertas características de personalidad son necesarias:

- Ser una persona sociable, extrovertida.
- Tener una gran capacidad de adaptación.
- Facilidad para mentir
- Ser multifuncional: hacer varias cosas a la vez.
- Honestidad respecto a su trabajo: no traicionará su función de investigador.
- Inteligente: para detectar los conflictos y saber moverse para conocerlos mejor.

La persona encubierta debe tener la capacidad de adaptarse rápido a nuevos entornos, ya que si es una persona tímida o de pocas palabras puede ser más difícil la aceptación de los demás, por ende no tendrá la facilidad de acceder a grupos sociales donde se pueda revelar fallas de personal o cualquier tipo de problema. Esta persona debe poder mantener su mente centrada en varias cosas a la vez, debe mantener su rol de "empleado común" y a la vez su mente en su contexto, en su entorno.

4. Contrato

El contrato, como cualquier otro, determinará las condiciones y las funciones que el investigador realizará durante el tiempo de trabajo. Todo contrato tiene sus variaciones, según la empresa o según el investigador, sin embargo a rasgos generales son:

- El investigador proporcionará servicios especializados, es decir, la persona que será implantada es un profesional con técnicas y demás que serán de utilidad para la empresa.
- El investigador asegura no involucrarse con ningún acto ilícito o convertirse en cómplice de posibles conflictos que pueda encontrar durante su inspección.
- El investigador no revelará su identidad a ningún miembro dentro y fuera de la empresa.
- La empresa proveerá de protección al investigador de ser necesario.
- La empresa cubrirá gastos que puedan surgir dentro de la investigación encubierta: si el investigador necesitase uniforme, un carro o cualquier otra cosa que le permita seguir con su investigación de forma óptima.

Como en todo contrato deberá ir el monto a pagar, los servicios a ofrecer, las horas, semanas o meses aproximados que durará el contrato, el nombre real y ficticio del investigador, etc.

Este tipo documento, como ya se mencionó, varía enormemente según quien suscriba, a modo de gran generalización se proporcionaron los anteriores ítems que pueden servir de guía pero que bajo ninguna circunstancias significan la totalidad de un contrato real y legal.

5. Informes

El investigador encubierto debe presentar un informe diario, haya o no encontrado información relevante este debe reportar diariamente todo el proceso que se lleva a cabo. Estos informes deben ser entregados a la persona que lo contrató, no pueden haber intermediarios que puedan leer o realizar copias de esta información, de la misma forma ocurre a nivel digital, se debe enviar el archivo, que debe estar escrito por el investigador, directamente a la persona. Luego de entregados los informes es importante no dejar copias o borradores de estos que puedan ser encontrados, tanto a nivel físico como digital.

Dentro de estos informes, es responsabilidad y profesionalismo de parte del investigador, ser totalmente honesto y transparente. Él debe explicar y describir con variedad de detalles, incluyendo nombres, lugares y horas los acontecimientos ocurridos ese día, sean o no relevantes para el caso a investigar. Es importante que el investigador recuerde que, lo que él considere como poco importante o poco relevante igual debe ser explicado y descrito en estos informes, el investigador debe ir de lo general a lo particular en todos los aspectos de la descripción. Estos informes son a modo de bitácora.

Dentro de estos informes se pueden o no manejar códigos de seguridad, una cifra numérica o una palabra que sustituya a otra. Un ejemplo podría ser que, el nombre del departamento al cual se ha implantado el agente tenga por nombre : 1198-1, o que el sospechoso principal tenga por nombre: Sujeto A. Todos estos códigos, de existir, deben ser de conocimiento del agente y del contratista, ya que su uso se debe a la mayor protección de la información.

Si el informe llegase a revelarse ante los empleados, la identidad del agente podría quedar protegida si se una un código numérico, como también podría quedar protegido el departamento en el cual se encuentra infiltrado. Cualquier información puntual con particular interés en mantener secreta se puede escribir bajo códigos.

5.1. Operativo

Cuando un investigador es implantado, este debe ganarse la confianza de los empleados que realicen posibles acciones deshonestas. Para esto lo normal es que el investigador tenga que establecer relaciones personales con estos empleados: salir, beber, hablar, etc. Debe tenerse en cuenta que estos encuentros sociales también deben ser detallados al momento de emitir el informe, ya que si bien no está en el horario laboral de la empresa, continúa en su horario laboral como investigador. Es en estos momentos de socialización fuera del entorno laboral donde los empleados deshonestos pueden soltarse más y mostrar o hablar sobre sus acciones ilícitas frente a este nuevo amigo, rara vez esto ocurre dentro del área laboral.

A estos informes se les suele dar el nombre de operativos y, como ya mencionamos, están escritos a modo de una bitácora, a continuación un ejemplo:

Día de actividad número 18
 fecha: 21 de marzo de 2018
 Lugar de inicio: 1198-1

07:00 hrs. He llegado a la oficina (1198-1). He sido uno de los primeros en llegar, María y Rodrigo habían llegado antes y estaban dentro de la oficina de Alonzo, hablaban sobre una salida que habrá esta noche entre varios empleados, no pude escuchar todos los nombres pero sé que están invitados ellos dos, Alonso, Fabian, Armando y Carmen. Cuando vieron que yo estaba cerca de la oficina dejaron de hablar y salieron rápidamente. Los salude como de costumbre y ellos igual a mí, luego cada uno se fue a su cubículo y yo me senté en el mio.

07:15 hrs. Llegaron todos en el 1198-1. Llegó la

facilitadora educativa sobre programas de contabilidad y finanzas: Irene Rodriguez. Estuvo en la oficina hasta las 09:30 hrs y todos estuvieron atentos a la charla. Alonso y Rodrigo se ausentaron desde las 08:15 hasta las 08:40 hrs, luego de eso volvieron como si nada y se sentaron a continuar la charla. Después que se fue la instructora todos estuvimos en nuestro cubículos trabajando todos en el nuevo formato de contabilidad.

11:00 hrs María se acercó a mi cubículo para invitarme a almorzar con ella y "otros" que no me dijo sus nombres. Yo acepté y ella pasó por el cubículo de Rodrigo, le dijo algo breve y continuó hacia el suyo.

12:05 hrs María y Alonso me estaban esperando en la salida de la empresa. Caminamos hasta el restaurante chino que queda en la acera de enfrente y allí estaban Rodrigo, Fabian, Armando y Carmen. Nos sentamos los siete en la mesa número 14, alejada de la entrada y con bastante privacidad, de modo que cualquiera que entrara no podría vernos fácilmente.

Iniciamos la conversación con cosas normales: cómo no iba en la vida, la mayoría respondieron que bien sin entrar en detalles. Rodrigo habló sobre su esposa que estaba enferma de leucemia, el tratamiento la ha ido mejorando pero, decía él, no tenía esperanzas. María lo ánimo y dijo: "Se solucionará cuando consigamos el dinero". Todos asintieron con la cabeza y Alonso agregó: " la idea comenzó gracias a ti y pronto todos estaremos mejor, animate." Yo no hice preguntas ya que me parecía imprudente, preferí esperar callado ha que la conversación continuara su curso.

En ese momento llegaron los platos y por varios minutos solo se comía. Cuando la mayoría había terminado, a eso de las 12:40 hrs, la conversación retomó el rumbo del "dinero que iban a conseguir". Quien volvió a tocar el tema esta vez fue Fabián, en compañía de Armando, y ahora el tema iba dirigido hacia mí, parafraseo un poco la conversación comenzó así:

Armando: Entonces Carlos, dime ¿estás conforme con lo que nos están pagando?

Yo: Uno nunca está conforme con el pago ¿cierto?

Fabian: Eso es verdad, pero no estar conforme nunca no significa que el pago esté bien, es decir, estamos rozando el salario mínimo, cobramos casi igual que los empleados de limpieza.

Armando: No eres tonto Carlos, debes saber para qué te trajimos. Confiamos en ti y tienes ciertas habilidades que nosotros necesitamos. De hecho, todos en esta mesa necesitamos uno de otro.

Yo: Cuentenme, ¿qué planean?

Armando: Todos aquí trabajamos en áreas diferentes del departamento de finanzas, y yo tengo un conocido en el banco. Planeamos hacer un gran golpe a finales de mes. La empresa nos ha estado pagando por debajo de la media durante los últimos dos años. Apenas nos mantienen con seguro desde hace seis meses y además, no cubren los gastos por accidentes dentro de la empresa, no sin una demanda atrás.

Yo: wow, tengo un mes apenas... yo no tenía idea.

Fabian: nadie sabe cómo funciona esto hasta que ya estas demasiado arruinado para arriesgarte a renunciar. Hace dos meses, una compañera, Tatiana, tuvo un accidente en el ascensor, la empresa no cubrió sus gastos a pesar de que fue falta de mantenimiento. Le pagaron seis meses de sueldo para que no demandara y la despidieron.

Armando: Ya te habrás dado cuenta que dentro de finanzas nadie anda con sonrisas.

Yo: ¿y qué tenemos que hacer?

Algo así debe lucir un informe. Aunque en el día a día no ocurra nada relevante, debe ser registrado como al comienzo de este informe ficticio.

6. Áreas problema

6.1. Engaño

Las investigaciones encubierta depende enteramente del investigador que esté haciendo el papel de infiltrado. Él es prácticamente la única fuente de conocimientos que se tendrá de primera mano, pero como en todo, siempre cabe la posibilidad de un investigador encubierto que termine engañando a su superior o a la persona que lo ha contratado. Hay diversas formas de engañar, una de ellas, que es más usual de lo que se creería, es que el investigador comience a inventar información al ver que no logra obtenerla. Esto suele ocurrir por la presión que sientes estos agentes al momento de trabajar, cuando pasan las semanas y no logran saber qué ocurre o se les ha aislado dentro del lugar que le han asignado.

Existen casos de investigadores que comienzan a inventar una versión, alejada o no, de la realidad de lo que está ocurriendo. Suelen comenzar a culpar al que crean más sospechoso, implantar pruebas falsas para que parezca culpable etc. Estas acciones, como ya se mencionó, pueden surgir de la presión, pero también puede ser intencional por parte del investigador, puede tratarse de un asunto personal desarrollado durante su tiempo de encubierta, envidia, riñas o celos de algún compañero de trabajo.

Estos casos, aunque poco frecuentes, existen y deben ser detectados a tiempo. Por esto es importante que la persona detrás del investigador busque cerciorarse de que la información que se le proporciona es verídica. El investigador encubierto si bien puede ser una puerta hacia la verdad, hay que buscar maneras de corroborar antes de cometer errores que puedan comprometer a inocentes.

Otro tipo de engaño, sin duda más común que el anterior, es qué, al descubrir lo que está ocurriendo, y aquí podemos tomar el ejemplo que dimos del informe, el investigador decide cooperar con el conflicto en lugar de cumplir con su trabajo. Por ejemplo: A Carlos le ofrecieron formar parte del equipo de robo dentro del departamento de finanzas, Carlos claramente tiene dos opciones, o acepta pero continúa con su papel de investigador, o acepta y forma parte activa del robo sin informar a su contratista. Esto también se debe tener presente, y es que si un agente encuentra una forma muy tentadora de ganar algún beneficio, siempre puede traicionar su profesionalismo.

7. Planificación

Normalmente cuando estos investigadores o agentes son implantados, a su vez se crea un sistema de vigilancia que suele estar en casi todos los lugares que estos pueden habitar. Esta vigilancia tiene varias funciones, sirve a los contratistas para conocer más a primera mano lo que luego el investigador describe de forma detallada, esto permite que las personas a las que llegue esta información pueda contextualizarse más en lo que ocurre, pero también funciona para vigilar al mismo investigador y para corroborar sus versiones de la historia.

Lo más usual es que os investigadores conozcan los planes y las formas de vigilancia que tendrá, esto lo ayudará a la hora de movilizarse en el espacio, y si llega el momento, de exponer a las personas conflictivas de forma más exitosa. Por ejemplo: un agente puede estar a punto de obtener una confesión de robo, si éste conoce la ubicación de cámaras o micrófonos, podrá posicionarse en el mejor lugar para que la confesión quede registrada.

Claro que toda esta vigilancia, más allá de cámaras y micrófonos, debe ser planificada, ya que incluye personal y presupuesto. A Continuación unos factores a tomar en cuenta:

7.1. Descripción de lugares

Al investigador se le deberá preparar para conocer el entorno en el que se moverá. Se le debe dar una descripción con dirección y si es posible videos y fotografías de los lugares que usualmente frecuentará, si existiesen cámaras o micrófonos, a él deberán darle la ubicación de estas. Es importante que el agente tenga una buena guía y reconocimiento de los lugares, así facilitará su movilización.

7.2. Personas

Al igual que dé los lugares, al investigador se le debe facilitar información sobre el personal clave. Socios, supervisores, gerentes, directivos, empleados, empleados de seguridad, cualquier persona que pueda ser clave en la investigación debe ser conocida previamente. Con fotos, una descripción de su trabajo, carácter, vida personal, cualquier aspecto que pueda ser relevante. También se debe señalar al investigador si existen sospechosos y las razones o pruebas que hay contra ellos.

7.3. Estrategia

Esta dependerá de cada agencia y de las condiciones que existan para cada trabajo. Pero la estrategia no es más que la planificación de movimientos a seguir, la forma en la que el agente va a indagar y vigilar. Por ejemplo: puede existir un caso en el que el agente, como parte de la estrategia, deba entablar una relación amistosa o amorosa con determinada persona dentro del trabajo, ya que se conoce que esa persona es la que está llevando a cabo los robos, sin embargo no existen suficientes pruebas o se quiere conocer a fondo cómo trabaja. Se considera parte de la estrategia la interacción y relación con ésa persona de interés.

7.4. Seguridad

Hay que tener en cuenta que el agente puede estar bajo peligro dentro de su trabajo. Si las personas que están siendo investigadas son de riesgo, el agente debe saberlo y estar preparado, tanto él como el respaldo con que pueda y deba contar. Hay que cerciorarse del pasado penal de las personas investigadas, si sufren de algún consumo de narcóticos o alcohol, si tienen armas de fuego o armas blancas, cualquier cosa que atente contra la seguridad.

Puede ocurrir que un agente no esté informado sobre el abuso de alcohol sobre una de las personas investigadas, y sea interceptado por ésta en estado de ebriedad, la persona puede tener un arma y atacar de manera inesperada por cualquier razón. Si el investigador está prevenido sobre estas actitudes, estará preparado para afrontar situaciones de riesgo, pero no es informado esto lo tomaría de sorpresa lo que aumenta la posibilidad de riesgo de vida.

7.5. Intervención policial

En cualquier caso de investigación, tanto encubierta como normal, cabe la posibilidad de que la situación sobrepase a los investigadores. Hay casos que conllevan crímenes o situaciones de riesgo muy altas en las que es necesaria la intervención policial. Este factor si bien no debe ser primordial o el fin último, debe mantenerse dentro de las posibilidades y formas parte de una planificación de emergencia.

Una buena comunicación y planificación en la que el agente esté al tanto de los movimientos que debe seguir según las circunstancias que surjan ayudan a prevenir conflictos y a que la investigación pueda fluir de forma más natural, ya que muchas veces el agente tendrá que tomar decisiones en segundos y no podrá acudir al contratista para saber qué debe hacer.

8. Vigilancia y vigilancia encubierta

Hay dos tipos de vigilancia: encubierta y abierta. Ambas tienen grandes diferencias entre sí, tanto a nivel práctico, el cómo se llevan a cabo y cómo funcionan, y a nivel de concepto o finalidad.

DIAGRAMA 22

VIGILANCIA ABIERTA	VIGILANCIA ENCUBIERTA
• Está orientada hacia la prevención de situaciones. • Funciona a modo de advertencia para evitar circunstancias. • Puede ser realizada por máquinas y personas. • Es vulnerable al engaño, deterioro, daño o encubrimiento. • Rara vez funciona para detener un ataque al momento del hecho, pero sirve para, posteriormente, resolver el conflicto.	• Orientada hacia el descubrimientos de situaciones. • Actúa sigilosamente para emboscar. • Puede ser realizada por máquinas y personas, pero primordialmente se realiza de la mano humana. • Al no conocerse, no puede ser perturbada. • Es útil para evitar ataques durante el momento en el que ocurren.

9. Aspectos legales

Como en toda investigación, y sobretodo una investigación independiente de la policía o de agentes federales con licencia, hay que tener en cuenta que existen leyes que se deben cuidar y no arriesgarse a coartarla. El cuidar la espalda tanto de la empresa como del investigador encubierto es de suma importancia para que la investigación no termine convirtiéndose en algo contraproducente, donde un empleado pueda crear una demanda por irrupción a la privacidad o difamación.

En este texto no vamos a hacer referencia a leyes específicas o aspectos jurídicos concretos, en cada país, estado y región puede variar. Aquí daremos una nociones generales que se deben considerar e investigar según las leyes de cada zona.

9.1. La propiedad privada

El investigador bajo ninguna circunstancia debe invadir la propiedad privada de las personas que pueda estar investigando, es decir, un agente no puede implantarse en el jardín de alguien a tomar fotografías por las ventanas, tal acción es una violación no solo a la privacidad sino también a la propiedad privada ya que estás usurpando su casa. Los hogares no son el único sitio donde se puede infringir esta ley, también el forcejeo de autos o cualquier otro vehículo privado, como también los locales de negocios. Cualquier prueba obtenida de esta forma puede ser fácilmente utilizada a nivel legal cuando se alegue que fue obtenida a partir de la violación de una ley.

El investigador puede, como no, llevar a cabo una investigación por medio de la vigilancia personal hacia una persona, pero siempre y cuando lo haga en lugares públicos o donde no se restringe, por ejemplo, el uso de cámaras o micrófonos.

Las calles, aceras, estacionamientos, restaurantes, centros comerciales y cualquier infinidad de lugares públicos pueden ser usadas como escenarios de vigilancia. Si el sospechoso en cuestión decide llevar a cabo sus actos ilícitos o conductas sospechosas en pleno centro comercial o calle, el investigador está dentro de la ley a la hora de tomar fotografías, videos o audios de la situación.

9.2. La privacidad

Similar a lo que ocurre en el caso de la observación de las personas a través de ventanas desde el exterior de la casa, aquí sin duda se invade la privacidad que goza una persona dentro de sus instalaciones, pero la privacidad incluye situaciones más allá de estar bajo una propiedad privada.

Invadir la privacidad también implica mantener a las personas vigiladas en lugares públicos pero en zonas que se consideren privadas, como por ejemplo un baño. Es una falta a la privacidad y normalmente en la mayoría de países es penado altamente, vigilar a las personas estando en baños públicos o en situaciones de desnudez como lo podrían ser probadores de ropa.

También es invasión a la privacidad cuando la persona está dentro de un establecimiento hotelero y se mantiene en vigilancia desde ventanas o incluso detrás de las puertas, también entrar a la habitación sea para observar u obtener pruebas es una falta a la privacidad.

9.3. Acoso

El investigador debe tener en cuenta que cualquier vigilancia puede ser tomada como acoso. Esto ocurre principalmente cuando la persona a la que se está investigando desconoce la investigación y además cuándo aún no se conforman pruebas fehacientes de que esa persona debe mantenerse bajo vigilancia por sospechosa.

Si la persona llega a darse cuenta que cierto sujeto o cierta camioneta la está siguiendo está en todo su derecho de llamar a la policía, cuando estos intervienen y no se tiene una justificación clara y legítima para mantener a esta persona en vigilancia, se considera acoso. Hay que recordar que la persona bajo investigación no es la única que puede detectar la presencia del agente, también familiares, vecinos o conocidos pueden alertar a la policía de lo ocurrido, por esto es mejor encubrirse no solo de la persona en cuestión sino de cualquiera que esté alrededor.

9.4. Hostigamiento

En algunos casos este tipo de vigilancia puede perturbar o alterar a la persona investigada en caso que llegue darse cuenta que está siendo perseguida. En el peor de los casos le puede crear conflictos psicológicos y con esto acarrear grandes problemas para el investigador y la empresa. En caso que alguna de estas cosas ocurran, la persona puede demandar no solo por acoso sino añadir hostigamiento ya que bajo la presión de la vigilancia ha sido perturbada emocional y psicológicamente.

9.5. Difamación

Si el investigador es descubierto por algún tercero, que en lugar de acudir a la persona o a la policía decide enfrentar al vigilante, este caso suelen ser parejas o familiares directos, bajo ninguna circunstancias el agente debe hablar sobre la investigación que se lleva a cabo o sobre las sospechas que se tienen de la persona. En caso que toda la investigación resulté ser en vano, es decir, que la persona no tenga ninguna relación con los actos de los que se le acusa, esto se consideraría difamación. Incluso, aunque el investigador estuviera en lo cierto, de igual forma estaría poniendo bajo alto riesgo todo el proceso.

Decir y otorgarle acciones, sobretodo negativas, a alguien sin ningún tipo de pruebas y a diestra y siniestra es considerado difamación y es demandable en prácticamente todo el mundo.

INFORMANTES Y SUS REPORTES

1. Tipos de informantes

Ya hemos mencionado a lo largo del texto diversas fuentes de información que pueden ser utilizadas durante diversos tipos y formas de investigación. Una de las fuentes de información que a menudo son más confiables son los informantes. Estos informantes son más llamados "contactos" que no son mas que personas que proporcionan información a la cual el investigador no tiene o no puede tener acceso.

El informante se manifiesta de diferentes formas, en distintos momentos y lugares. Hay informantes que pueden ser conocidos del investigador, una migo que trabaje en bufé de abogados, donde casualmente ha sido cliente uno de los sospechosos. ésta contacto podría proporcionar información de valor sobre la persona en particular.

. . .

Los informantes por lo general son personas de confianza, pero otra veces aparecen de la nada. Estas personas pueden o no incumplir la ley al entregar la información, dependiendo de cada caso, por esto mucho de los informantes de los investigadores se mantienen en anonimato para la mayoría de personas de su alrededor, ya que este tipo de colaboraciones suele ser clandestina. A continuación los diversos tipos de informantes:

2. Profesionales

Estos informantes encajan en el ejemplo anterior sobre el amigo del bufé de abogados, suelen ser personas que tienen acceso a ciertos documentos, normalmente por su trabajo., también pueden ser otros investigadores que tengan información. Estos informantes actúan por regla general cuando se les solicita la ayuda, son usualmente los que más en riesgo se colocan al momento de proporcionar la información, ya que mucha de ésta debe ser confidencial y entregarla es un crimen, de aquí que, aunque sean conocidos, estos informantes se mantienen en anonimato para mucho de los conocidos que rodean la investigación como por ejemplo: el dueño de la empresa, el personal de seguridad, etc.

3. Moralista

Este tipo de informantes, a diferencia de los anteriores, suelen ser de una sola vez. Estas personas surgen de tener contacto o relación directa o indirecta con el caso, pueden ser testigos visuales, conocidos, amigos o familia del criminal, etc. Como su nombre lo dice, actúan por la fuerza moral que los empuja a delatar o advertir cuando algo malo está ocurriendo.

Este tipo de informantes suelen llegar de pronto, de manera abrupta y soltando cantidad de información rápidamente, la adrenalina y la ansiedad manejan a estas personas a la hora de dar sus declaraciones, por esto es importante tratar de mantenerlos el mayor tiempo posible, ya que una vez baje la adrenalina podrían dar la información más clara.

Estas personas suelen ser testigos, tanto de escucha como de mira. Pudieron haber estado en el lugar equivocado, viendo o escuchando algo que no debían. Su información normalmente suele ser de bastante utilidad, ya que aunque no hayan presenciado el crimen propiamente, suelen tener información concisa sobre quién lo hizo o cómo ocurrió.

4. Ocasional

Este tipo de informantes tienen un interés más allá de simplemente prestar una ayuda al caso. A diferencia del profesional no pertenece a un gremio u organización, ni tiene la necesidad moral de decir la verdad como los anteriores. Estas personas ofrecen información que ellos mismos consiguen por sus propios medios a cambio de algo:d dinero, cargos, atención, etc.

Cada informante ocasional tiene sus propios términos y condiciones para ofrecer la información, por lo general buscan el reconocimiento por parte del investigador, esperan que se le de un puesto dentro de la seguridad o por lo menos se le tenga consideración y estima dentro del gremio de investigación criminal, acompañados de estos factores ególatras, muchas veces se asoma el interés monetario que se le pueda sacar a la información.

4.1. El empleado como informante

Este tipo de informante particular podría pertenecer de alguna forma a cualquiera de los otros tipos, sin embargo se les categoriza por su factor común: son compañeros del sospechoso o criminal sin identificar, posibles testigos de los hechos; se conforman como grupo al ser más de uno quien comparte las características mencionadas. A diferencia de los otros tipos, los cuales tienen poca o ninguna afinidad con la empresa, los empleados, por deber ético están ligados al buen y honesto funcionamiento de la compañía, este factor es único en este tipo.

Normalmente los empleados tardan un poco en notificar si hay alguna irregularidad o algún acto de deshonestidad dentro de la empresa. Cada empleado informante varía bajo infinitos factores, entre ellos se puede destacar que, los empleados no suelen estar seguros de a quienes se debe informar o acudir ante este tipo de circunstancias. No se siente seguro ya que no tiene idea de las personas que puedan estar al tanto de la deshonestidad, un miedo común es terminar acusando a alguien con otro deshonesto. Otro motivo para la demora es su papel dentro de la empresa, sus compañeros de trabajo pueden identificarlo como alguien de poca confianza, puede arriesgarse a ser juzgado o aislado, este factor social marca diferencias importantes y muchas veces cohibe de hablar.

4.2. Anónimos

Los anónimos son claramente los informantes que prefieren mantener su identidad en secreto, mayormente estos informantes son conocido por uno o ninguno de los miembros de seguridad y el propio investigador. Cuando surgen este tipo de informantes, suele tratarse de personas relacionadas directa o indirectamente con el crimen o la empresa, puede ser un empleado, un cliente, un proveedor e inclusive un transportista o un empleado del banco.

Estas personas buscan ante todo protegerse y proteger que su identidad no se conozca públicamente. Con esto informantes surge una gran problemática: su credibilidad. Muchas veces se reciben llamadas, correos o mensajes anónimos que cuentan una historia fascinante sobre algún crimen, normalmente suelen ser personas que buscan bromear, enemigos de algunas personas que los acusan dentro de su falsa declaración, e incluso pueden ser los mismos miembros del crimen tratando de lavarse las manos. Hay miles de informantes anónimos y en la mayoría de los casos ofrecen información falsa, por eso a estos se les debe tener el mínimo de interés y no deben ser nunca el foco de la investigación, al menos que la declaración concuerde en extremo con los hechos o la hipótesis planteada.

4.3. Criminales

Estos informantes normalmente son buscados por el investigador, no suelen acercarse a la investigación bien sea por desinterés desconfianza o desconocimiento de la misma. Estas personas pueden o no estar dentro de la cárcel al momento de prestar la información: criminales convictos, personas con problemas de drogas, prostitución, estafadores, cualquier cantidad de "personas de la calle" y criminales pueden entrar en este tipo.

La información que estas personas proporcionan siempre o casi siempre tienen un precio, bien sea retirar cargos, perdonar algún delito que aún no ha sido presentado, disminuir condena, estas solicitudes suelen ser de modo legal, por lo que este tipo de informantes suelen verse presentes en investigaciones de tipo pública donde interviene la policía o los centros de investigación criminal del estado.

Un investigador privado y una empresa tienen pocas sino es que ninguna posibilidad de colaborar en este tipo de "intercambios" ya que no tienen el poder judicial o legal para solventar los conflictos a los que estas personas se enfrentan.

Los criminales pueden o no estar relacionados o conocer el crimen en cuestión, en caso de no estar al tanto del caso, ellos podrían colaborar dando ciertos antecedentes que no se pueden conseguir sino de testimonios. Estas personas pueden haber estado en contacto o trabajado con nuestro sospechoso y gracias a esto puede dar información sobre cómo actúa, cómo piensa y maneja sus crímenes, esta información es valiosísima para poder seguirle los pasos a los criminales.

4.4. Controlados

Estos informantes pertenecen al grupo de criminales que se investiga. Están dentro del acto ilegal y por ende tienen la información más valiosa que se pueda conseguir. Las razones por las que estos le faltan la lealtad a su grupo y deciden decir la verdad varía según cada individuo, al igual que las condiciones bajo las cuales proporcionan la información. Algunos piden total impunidad a la hora de una demanda, otros solicitan que no se sepa su identidad de forma pública.

A estos informantes hay que mantenerlos atrapados, hay que manejarlos con mucho cuidado y tratar de satisfacer su reclamo, ya que gracias a ellos la investigación podría avanzar de forma abrupta y solucionarse el caso antes que las consecuencias sean mayores. Es de sumo interés mantener a estas personas convencidas y tranquilas sobre su destino luego de revelado a los culpables.

5. Movilización de informantes

A continuación el proceso que por regla general se suele manejar con los informantes, hay que tener claro que los informantes son importantes a la hora de emprender un juicio legal y por esto hay que mantenerlos protegidos y convencidos de haber hecho lo correcto. Como ya hemos visto la mayoría de los informantes acude temeroso a decir la verdad, por esto hay que asegurarse que no se arrepientan en ningún momento, ya que pueden alegar que su declaración fue hecha bajo presión y esta quedaría totalmente inutilizable.

6. Trato con informantes

El trato a tener con cada informante dependerá enteramente de las razones que mueven a la persona a proporcionar la información, ya que de estas motivaciones se tratará su colaboración en todo momento, por ejemplo: si una empleada funciona informante, y es motivada a hablar debido a su sentido de deber moral con la empresa, es bueno hacerla ver que, en efecto cumplió con su deber y se le tratará con tal nivel de dignidad y reciprocidad. Por otro lado, si un informante es un criminal convicto que quiere disminuir su sentencia, se le debe prestar la atención necesaria en su solicitud y demostrar interés colaborar con su causa.

Para mantener una óptima relación con los informantes estos deben sentirse útiles y respetados, no se les debe tratar de forma despectiva o con menosprecio. Muchos cometen el error de tratar a los informantes criminales con aire de autoridad, como si estuviesen obligados, por su posición, a proporcionar información. Estas actitudes hieren la integridad de las personas y suele tener como único resultado el total rechazo de los informantes a colaborar.

. . .

El investigador además, deberá evaluar la credibilidad del informante según sus razones, ya que podríamos tener un informante cuya motivación es la venganza por una persona, entonces su credibilidad se verá quebrada ya que puede estar dejándose llevar por su odio.

7. Ratificación

Es fundamental que una vez proporcionada la información por parte del informante se le aseguré su retribución, bien sea mantener su seguridad, llevar a cabo el trato que se realizó o cualquier otra cosa a la que se haya llegado. El investigador debe tener presente que la información proporcionada en un primer e incluso segundo encuentro puede no ser la única, el informante puede tener más información y no suministrarla, bien sea consciente o inconscientemente. Así es que el investigador debe mantener buenas relaciones con el informante una vez su función dentro del caso se crea completada.

El investigador debe verse comprometido a mantener la comunicación con el informante, por ende se deben proporcionar equitativamente formas de contacto: números, correo electrónico, direcciones etc. Como parte activa de esta relación informante-informado, el investigador debe ser ágil al momento de querer ponerse en contacto con el sujeto, ya que si asume una posición pasiva pueden pasar días o semanas hasta que el informante quiera volver a ponerse en contacto.

8. Reportes y notas

Como ya hemos visto, todo dentro de las investigaciones debe tener un respaldo escrito y los informantes no son la excepción a esta regla. Al igual que las declaraciones y las confesiones de testigos, si la información que proporcionan los informantes, bien sea nombres, fechas o la descripción de hecho, no se registra de forma escrita pronto podría ser malinterpretada, olvidada o confundida.

Para todo investigador es fundamental tener un respaldo escrito y de ser posible firmado de toda la información que le llega. Esto optimiza el trabajo y permite tener un respaldo de la hipótesis, con estos documentos escritos se permite un mejor manejo de la información ya que no se corre el riesgo de dejar detalles por fuera. Sin importar lo engorroso que pueda llegar hacer estar realizando informes o transcribiendo, debe hacerse y tiene que hacerse con la mayor profesionalidad posible.

Todo informe o reporte debe estar escrito sin errores, con un sentido coherente y fácil de entender. El estilo de escritura debe ser lo más neutral posible, este tipo de informes no pueden llevar opiniones personales ni estar escritos con jergas o algo similar. Estos documentos son de índole legal y deben cumplir con tal presentación.

8.1. Reporte narrativo

Los reportes deben estar escritos a forma de narración, es decir se cuentan los hechos según cómo ocurrieron y en un orden cronológico.

El investigador debe realizar los reportes e informes pensando en su lector, teniendo en cuenta que no está escribiendo solo para él, sino para varios lectores de diversos sectores y con diferentes estratos intelectuales. El informe no debe estar escrito de forma muy técnica ni con palabras rebuscadas o complejas de entender. Debe ser simple y práctico.

8.2. La forma correcta del reporte

8.2.1. Primera persona

Se recomienda que la narración se realice desde la primera persona, ya que si el escritor asume un papel pasivo o escribe desde la segunda o tercera persona puede generar confusiones al lector en cuanto quién dijo que. La forma óptima es: *"El informante llegó el viernes 18 de noviembre del 2018 a las 14 hrs, solicitó hablar directamente conmigo y lo atendí en mi despacho, resultó ser María González, la encargada de empaquetamiento del turno nocturno"*.

8.2.2. Objetivo

Tener estos informes tiene como principal objetivo el respaldo de todo lo conversado, de la forma en que se consiguió la información, el momento, y si es posible el nombre de la persona que la ha proporcionado y su relación con el caso. Como ya se mencionó, estos informes permiten que no se olvide o pierda información, como también ayudan a mantener un testimonio escrito libre de juicios, pensando que, cualquier persona que lo lea, podrá generar sus propias ideas a partir de un hecho objetivo y no a raíz de la subjetividad inevitable de los investigadores.

8.2.3. De los hechos

Puede ocurrir que el investigador asuma que hay hechos que ocurrieron cuando estos realmente no pasaron. Normalmente estos hechos parecen de poca relevancia, pero cualquier detalle erróneo puede desprestigiar toda la investigación y dejar inservible o de poca confianza un informe realizado. Por esto no se puede simplemente asumir lo que ocurrió y además dejarlo por escrito. Si volvemos con el ejemplo de Maria Gonzalez, nuestra empleada del departamento de empaquetamiento nocturno, si ella dijo: *"después de ver a José y a Pedro entrar a la caja fuerte, decidí irme porque no quería que me relacionarán con lo que estaba pasando"*, el investigador no puede decir *"María se fue de las instalaciones directo a su casa"*, si María realmente no fue a su casa, sino que fue a un lugar de apuestas donde perdió mucho dinero, que luego del robo recuperó misteriosamente, entonces sabremos que podría estar involucrada y por este simple error factual estaríamos perdiendo a una criminal.

8.2.4. Información amplia

El informe no debe ser engorroso de leer, debe tener la información necesaria, sin quitar ni añadir. Si bien es una descripción de los hechos esta debe ser descrita de forma contundente, sin dar vueltas sobre una misma idea o hecho.

Con esto no quiere decir que los informes deban ser escritos únicamente con información general, los detalles son importantes y deben formar parte de los informes, ya que ellos son los que normalmente ayudarán a resolver el caso. Estos documentos deben tener un equilibrio y es trabajo del investigador asegurarse de eso.

8.2.5. Cronología

Como ya fue mencionado, la cronología es importante dentro de estos informes, es un relato narrativo y debe ser descrito sin saltos en el tiempo y comenzando por el inicio y terminando por el final. Aunque muchas veces la información que se proporciona al investigador está desordenada, es trabajo del mismo organizarla junto con su informante, testigo o sospechoso. El orden cronológico facilita la comprensión y la lectura, como también ayuda a ver de una mejor forma el cómo fueron ocurriendo los hechos.

REFERENCIAS

Libros

Tomas Sevilla. (2016). *Investigación criminal, clasificación de criminales y perfil criminal.* Academia internacional de seguridad.

Raine, A y Sanmartín J. (2006). *Violencia y Psicopatía.* Barcelona: Ariel.

Garrido, V. y López, P. (2006). *El rastro del asesino. El perfil psicológico de los criminales en la investigación policial.* Barcelona: Ariel.

Garrido, V. (2007). *La mente criminal.* Barcelona: Titivillus
    Fidias G, Arias. (1997). *El proyecto de investigación.* Caracas: Episteme.

Janet Reno. (2000). *Investigación de la escena criminal.* Washington DC: Departamento de justicia de EE.UU.

Libros digitales

Johannes Hessen. (1935). *Teoría del conocimiento*. Recuperado de https://gnoseologia1.files.wordpress.com/2011/03/teoria-del-conocimiento1.pdf

Angelica Gutierrez, G. *Aspectos jurídicos de la investigación privada*. Recuperado de https://dialnet.unirioja.es/descarga/articulo/3104379.pdf

Ministerio de Justicia y Derechos Humanos de la Nación, Argentina. *Manual de procedimiento para la preservación del lugar del hecho y la escena del crimen*. Recuperado de https://www.mpf.gob.ar/capacitacion/files/2015/07/Manual-Criminalistica.pdf

Fiscalía general de la nación, Colombia. *Manual único de criminalística*. *Recuperado de* tecnologicamerani.edu.co/web/.../MANUAL-DE-CRIMINALISTICA-FISCALIA.pdf

Artículos digitales

Administración de Seguridad y Administración Ocupacional de Puerto Rico. *Violencia en el lugar de trabajo*. Recuperado de www.trabajo.pr.gov/prosha/download/PROSHA_029_Violencia_Lugar_Trabajo.pdf

Páginas web

La violencia en el trabajo: un problema mundial (20 de julio de 1998). Recuperado de https://www.ilo.org/global/about-the-ilo/newsroom/news/WCMS_008502/lang--es/index.htm

El perfil psicológico criminal (5 de septiembre de 2018). Recuperado de https://www.psicologia-online.com/el-perfil-psicologico-criminal-2600.html

POSTFACIO

Todo experto en seguridad tiene que saber cómo ser un buen investigador, ¡el mejor investigador! Y para esto es necesario conocer todos los ámbitos, conceptos y situaciones que se pueden presentar en el lugar de trabajo. Es importante estar preparado para cualquier eventualidad, sea grande o pequeña. Los casos siempre recaen en las manos de los investigadores, si el investigador está errado, la investigación seguirá un curso erróneo, por esto este libro te guiará en este arduo camino.

El manual del investigador no es un libro de paso por paso, es más bien un libro donde se dará una vista general y detallada de los procesos por los cuales pasa una investigación de seguridad empresarial. Desde conceptos esenciales que cualquier investigador debe tener en cuenta, como conceptos y concepciones sobre el ámbito investigativo en general, enfocándonos en el área de seguridad, hasta detalles concretos como de dónde obtener información y el manejo de testigos.

Cada capitulo de este libro representa un proceso, que se describe y se profundiza con el fin de crear una comprensión global de todo el entorno investigativo al que se enfrentarán los investigadores. Se pretende guiar al investigador y mostrarle las diversas posibilidades de resolución de problemas, como también las infinitas posibles complicaciones que puedan presentarse. Incluye ejemplos, modelos y consejos útiles que pueden ser claves durante el desarrollo de un caso.

ACERCA DEL AUTOR

A. Hertzog es un autor emergente en el campo de la seguridad. con más de 20 años de experiencia a partir del cuerpo de marines, el departamento de policía y el gobierno federal de los E.E.U.U.

Se ha licenciado en justicia criminal y es un orador y conferencista frecuente sobre seguridad y otros temas. también ha realizado una considerable cantidad de trabajos de consultoría en entrenamiento, control y gerencia de personal de seguridad.

NOTA: Si desea gráficas de mayor resolución o mas información, con todo gusto le ayudaremos. Por favor envíenos su requerimiento a: info@librosahertzog.com

OTRAS OBRAS DE A. HERTZOG

Experto en seguridad: Evaluando la Amenaza

Experto en seguridad: Investigaciones e Interrogatorios

Experto en seguridad: Las 1,000 respuestas que deberías conocer

www.ingramcontent.com/pod-product-compliance
Lightning Source LLC
Chambersburg PA
CBHW030527230426
43665CB00010B/796